JACQUES BAINVILLE

LES
CONSÉQUENCES POLITIQUES
DE LA PAIX

> On aura les conséquences, celui qui
> creuse une fosse y tombe. Celui qui
> rompt une haie, le serpent le mord.
>
> *L'Ecclésiaste, X. 8*

LES
CONSÉQUENCES POLITIQUES
DE LA PAIX

DU MÊME AUTEUR

JACQUES BAINVILLE

LES
CONSÉQUENCES POLITIQUES
DE LA PAIX

« On aura les conséquences.
Celui qui creuse une fosse y tombe.
Celui qui rompt une haie, le serpent le mord. »

L'Ecclésiaste, x, 8.

PARIS

NOUVELLE LIBRAIRIE NATIONALE

3, PLACE DU PANTHÉON, 3

MCMXX

JUSTIFICATION
DES ÉDITIONS ET TIRAGES

La PREMIÈRE ÉDITION de cet ouvrage a été faite, en Octobre 1920,
au format in-16 soleil, à 300 exemplaires numérotés à la presse de
1 à 500, tirés sur vergé teinté pur fil des Papeteries Lafuma portant
en filigrane le chiffre de la Nouvelle Librairie Nationale.

Les exemplaires souscrits avant la mise en vente portent le nom
du souscripteur imprimé face au titre.

Le présent exemplaire appartient à la deuxième édition faite à
11 000 exemplaires, dont le bon à tirer a été donné le 18 octobre
1920.

AVANT-PROPOS

Ce n'est pas parce qu'un auteur anglais a écrit les Conséquences économiques de la paix que nous avons composé cet ouvrage. Ce livre n'est pas une réponse à Keynes. On le verra tout de suite. Nous voulons marquer seulement, à l'introduction de ces pages, un contraste singulier.

Après une guerre qui a mis en jeu les forces et les ressorts des principaux États du monde, l'idée même de politique est tombée dans le discrédit. Peut-être faisait-elle mal à la tête? Il est vrai que jamais matière aussi vaste et aussi confuse ne s'était offerte à des conducteurs de peuples chargés d'établir une grande paix. Raison de plus pour réfléchir et pour prévoir beaucoup. Le calcul pouvait être fatigant. Faute de calcul, une part énorme de l'avenir a été livrée à l'inconnu et au hasard, une part qui dépasse à l'excès les limites que rencontrent les intelligences les plus profondes lorsqu'elles s'appliquent à diriger le cours des grandes affaires.

Dans un siècle où l'on croyait au progrès indé-

fini de l'esprit humain, Fontenelle avait dit : « Il est certain, et les peuples s'en convaincront de plus en plus, que le monde politique, aussi bien que le physique, se règle par nombre, poids et mesure ». Pauvres peuples ! Tout s'est fait en leur nom et ils n'ont plus qu'à subir. A quel moment ont-ils vu que la paix violait les lois de la physique ? Mais le nombre, le poids et la mesure ne se négligent pas impunément. Et les peuples ne comprendront même pas pourquoi ils auront encore à payer un jour.

J. B.

LES
CONSÉQUENCES POLITIQUES
DE LA PAIX

CHAPITRE PREMIER

LA FAUTE DES CHOSES ET LA FAUTE
DES HOMMES

Il n'est pas rare qu'après une guerre gagnée, le vainqueur, ou, quand il y a des coalisés, l'un au moins des vainqueurs soit mécontent de la paix et pense qu'il a été dupe. En 1815, les Prussiens se plaignaient que le Congrès de Vienne se fût terminé pour eux par « une farce ». Nous avons eu nous-mêmes, en des temps plus anciens, un traité dont il était proverbial de dire : « Bête comme la paix ». M. Raymond Poincaré, qui n'a pas ménagé ses critiques aux actes de Versailles, de Saint-Germain et autres lieux voisins de Paris, a eu raison d'écrire que la déception qu'ils ont causée n'était pas nouvelle.

On a tout dit des lacunes du traité de Versailles, de ce qu'il ne nous a pas donné, du manque à gagner qu'il représente pour nous,

Territoires, frontières, argent, ce qu'il apporte est inférieur à ce qu'on avait généralement espéré. On a remarqué partout que nous n'avions même pas retrouvé les limites de 1814, mais celles de 1815, celles de Waterloo, dont le peuple français avait si longtemps ressenti l'humiliation. Il est devenu banal, tant l'évidence est forte, de dire que cette paix est « au comptant » pour l'Angleterre et qu'elle est « à terme » pour nous. Enfin M. Millerand, qui a hérité de ce qu'il n'avait pas fait, a prononcé le jugement définitif après quelques mois d'expérience lorsqu'il a déclaré à la tribune que le traité de Versailles, malgré les longues et minutieuses dispositions qui sont destinées à assurer la réparation de nos ruines et de nos dommages, était « plus lourd de promesses que de réalités ».

Il eût été possible de concevoir une sorte de paix qui ne nous eût pas donné tout ce que nous désirions, mais qui nous eût payés d'une autre manière. Une paix, par exemple, qui, nous attribuant sur le papier moins de milliards, nous en eût laissé de réels en diminuant nos charges militaires dans une mesure considérable et en libérant notre jeunesse de la conscription. Le bénéfice eût été indirect mais il eût été immense. Des conditions propres à en finir avec le régime barbare de la paix armée étaient le premier résultat vers lequel il fallait tendre. Nous eussions largement et rapidement regagné en sécurité, en tranquillité et par l'affranchissement d'une terrible servitude les sacrifices consentis par ailleurs. C'était le point principal de la paix. Il a échappé aux négociateurs, et l'attention publique, fixée sur les détails quand ce n'était pas sur les vétilles, ne l'a pas davantage saisi. D'ordinaire, en politique, les effets sont aperçus quand ils commencent à se produire, c'est-à-dire quand il est trop tard. Le principe de causalité, qui tourmente à peine les hommes, est encore plus indifférent aux peuples. Il est naturel que des démocraties aient conclu une grande paix sans se soucier des répercussions. Dans les contes arabes, si peu philosophiques, il y a une fable qui n'exprime pas mal ce fatalisme enfantin. Un voyageur, dans le désert, jette innocemment autour de lui les noyaux des dattes qui ont composé son repas. Soudain un génie effrayant se présente à sa vue et lui dit : « Dans le temps que tu jetais tes noyaux, mon fils passait. Il en a reçu un dans l'œil et il en est mort. C'est pourquoi je vais me venger ». Pour que les conséquences apparaissent aux nations, il leur faut des catastrophes ou le recul de l'histoire. Elles se résignent à vivre entourées de forces invisibles, comme les génies des *Mille et une Nuits*, qu'elles blessent sans le savoir et qui exigent des comptes tout à coup.

On s'est à peine occupé des conséquences de la paix. Nous voulons dire des conséquences politiques, car un auteur anglais a prétendu en montrer les conséquences économiques. L'ouvrage retentissant de Keynes est un pamphlet d'apparence scientifique qui a obtenu un succès de curiosité et de scandale par les paradoxes dont il est rempli. Il est devenu le manuel de tous ceux qui désirent que l'Allemagne ne paye pas ou paye le moins possible les frais de son entreprise manquée. La thèse de Keynes est bien connue. Elle a exercé une action certaine sur l'opinion et sur le gouvernement britanniques. Ce qui est curieux, c'est que le premier auteur qui se soit appliqué, de son point de vue spécial, un point de vue de financier, à étudier les suites de la paix, ait été conduit à des conclusions pessimistes. Il est vrai que ce pessimisme est unilatéral. Keynes voit noir pour les pays vaincus. Il est optimiste pour les vainqueurs. Son évalution des dommages que la France a subis est très basse. Il estime que nous relèverons nos ruines à beaucoup moins de frais qu'on ne calcule en général. C'est le sort de l'Allemagne qui lui donne du souci. Et il répète comme un lugubre refrain que si l'Allemagne n'est pas ménagée, si elle ne se relève pas avec la complaisance et l'appui des nations victorieuses, l'Europe tout entière tombera dans la détresse et dans le chaos.

Dans son épilogue, Keynes parle de « ces courants inconnus qui coulent sans cesse sous la surface de l'histoire politique et dont nul ne peut prévoir les résultats ». Pour lui (sa pensée est claire et elle se dégage de tout son livre), ces courants sont déterminés par les forces économiques et par elles seules. C'est un autre aspect, un aspect conservateur, de la conception matérialiste de l'histoire. Keynes a eu un précurseur, qui se tait aujourd'hui, mais qui a parlé pendant la guerre. C'était lord Lansdowne, et lord Lansdowne était déjà pessimiste avant le traité de Versailles. Ce grand seigneur oubliait qu'il avait, sous Edouard VII, contribué pour une large part à former la triple Entente. Il était hanté par l'idée que le capital de notre vieille humanité européenne se consumait un peu plus tous les jours. La banqueroute, la disette, la misère générale l'obsédaient. Il annonçait la ruine de l'Europe si les Alliés voulaient aller « jusqu'au bout ». Et c'était aussi l'idée favorite mais plus secrète d'un autre vieillard, M. Giolitti, un de ces calculateurs silencieux comme l'Italie sait les produire.

De ces sombres prédictions, qui abondaient dès le temps de la guerre, on aurait dû conclure que mieux valait donner à l'Allemagne partie gagnée ou à demi gagnée plutôt que de désorganiser la machine industrielle, commerciale et financière du monde. Des intérêts infiniment supérieurs étaient en jeu et lord Lansdowne parlait dans le désert. Plus habile, M. Giolitti ne disait rien. Il se contentait de signifier par son attitude qu'il n'avait pas changé d'opinion depuis le début et que, de toute façon, cela finirait mal. Retranché sur cette position personnelle et forte, il attendait seulement de vivre assez pour voir son heure revenir. Il comptait pour l'Italie sur une déception quelconque et il se réservait de rentrer au pouvoir à la faveur de cette déception. C'est ce qui est arrivé. Mais M. Giolitti ne parle plus du passé. Lord Lansdowne ne souffle plus mot. L'un et l'autre ont été des Keynes avant Keynes et ils n'ont rien changé à rien. Il est à regretter que les Alliés n'aient pas eu une politique plus avisée, plus perspicace et plus inventive, qui leur eût permis de gagner la guerre plus vite et dans de meilleures conditions. Mais quel qu'ait été le prix payé pour la victoire, quelles que soient les misères de l'heure présente, personne n'oserait dire : « Il eût été préférable de conclure une paix blanche avec les Allemands. Il eût même été encore meilleur de se soumettre dès le mois de juillet 1914. Ainsi la merveilleuse horlogerie des importations et des exportations n'eût pas été dérangée ».

Et, de même, l'Europe peut souffrir longtemps de disette. Elle peut être ravagée par les épidémies, menacée de faillite. Les États et les nations n'en continueront pas moins de vivre selon leurs lois. Le jeu des nécessités économiques n'est pas niable. Il se réduit, en dernière analyse, à la conquête du manger. On peut soutenir que le peuple allemand, en 1914, s'est décidé à la guerre parce que le sol qu'il occupait ne suffisait pas à nourrir 68 millions d'hommes et que cet instinct l'a poussé à courir la grande aventure. Mais si l'Empire allemand n'avait pas eu tels et tels antécédents historiques, telle et telle structure, si l'équi-

libre des forces en Europe eût été différent,
les alliances autrement agencées ou même
mieux agencées, si l'Angleterre, au lieu d'être
retenue dans l'hésitation par son parti libéral,
se fût engagée tout de suite et sans hésitation
à intervenir, alors le prix de la viande à Berlin
n'eût pas été un motif suffisant pour que l'Allemagne courût le risque de la guerre.

S'il y a lieu d'être pessimiste pour l'Europe
après le traité, c'est à un autre point de vue
que celui de Keynes. Le chaos économique est
profond. Mais le chaos politique l'est plus
encore. L'indicible misère de la Russie bol-
cheviste a-t-elle empêché l'armée rouge de se
battre? Le déficit, le discrédit du papier-mon-
naie ont-ils empêché la Pologne de chercher à
dessiner ses frontières? Sur une vaste surface
de l'Europe, dix nations se font la guerre malgré la pénurie, le typhus, dans des conditions
d'existence épouvantables qui ne devraient
laisser aux hommes que le souci du pain quotidien. Or, auprès de cette mêlée des nationalités, des religions et des races, il reste l'Allemagne, seule concentrée, seule homogène,
suffisamment organisée encore, et dont le poids,
suspendu sur le vide de l'Europe orientale,
risque de faire basculer un jour le continent
tout entier. Les considérations des économistes
ne changeront rien aux effets de ce déséquilibre
essentiel. Il est frappant de lire à ce point de
vue l'histoire de la Révolution de Thiers.
Adonné aux questions de finances où brillait la

clarté de son esprit, Thiers a pu relater tous
les événements diplomatiques et militaires de
l'Europe sous la Révolution et sous l'Empire
sans que les assignats et la banqueroute partielle de 1797 en France, les « billets de retrait »
en Autriche, occupent dans son récit d'autre
place que celle d'un épisode qui n'a rien changé
au cours des choses. Dans son parti pris évident pour l'Allemagne, la thèse de Keynes est
déjà jugée. Ce qu'elle a de futile en général
tient dans cet exemple-là.

Les conséquences politiques de la paix sont
donc bien plus importantes que les conséquences économiques. Il est plus difficile aussi
de les déduire avec rigueur. Mais quelques
principes tirés de l'expérience et du bon sens
peuvent y aider. Il est certain que les plus
grands hommes d'État ne peuvent tout prévoir
et qu'ils ne peuvent surtout prévoir plus d'un
ou deux contre-coups des dispositions qu'ils ont
prises. Il y a pourtant des causes dont les effets
sont tellement sûrs qu'il faut presque le vouloir pour ne pas en voir d'avance le rapport.
Nous sommes donc partis, dans ce livre, du
plus simple pour aller au composé, jusqu'aux
limites où ce composé commence à se dissoudre
dans un détail impalpable. C'est tout ce qu'il
y a de méthodique dans cet ouvrage. Il est
surtout formé d'analyses et d'hypothèses dé-
duites de ces analyses. Nous présentons plus
de probabilités et même de simples possibilités
que de certitudes. Dans ce domaine, les certi-

tudes sont toujours faibles quand il s'agit de
savoir comment tourneront définitivement les
choses. Elles sont déjà plus sérieuses quand il
s'agit de discerner le cours que les choses
prendront. En 1871, à la fondation de l'unité
allemande, les Anglais (il y en a eu beaucoup),
qui s'étaient félicités qu'un grand Empire fût
placé désormais entre la France et la Russie,
parce que ce serait un gage de sécurité pour eux
et pour l'Europe, ces Anglais-là se sont évidemment trompés. Il était facile de le leur dire.
Pourtant, au Congrès de Berlin, ce calcul ne
parut pas faux et il fallut attendre encore plus
de vingt ans pour que le vice en fût senti par
les intéressés. Lorsque Bismarck, après avóir
longtemps délibéré avec lui-même, opta pour
l'alliance autrichienne et s'éloigna de la Russie,
il aperçut le risque de l'opération. Il avertit
ses successeurs qu'en aucun cas l'Allemagne
ne devrait se lancer dans une guerre et s'exposer au danger des coalitions pour un prétexte
autrichien. Il montrait justement l'obstacle sur
lequel Guillaume II est allé donner. Ce sont
deux cas entre mille des erreurs de l'imprévoyance et des limites de la prévoyance.

Les pronostics les plus remarquables qui
aient été retenus par l'histoire reposaient sur
des données très simples, on peut même dire
triviales, à la portée des hommes les plus ordinaires. Celui de Thiers au moment de Sadowa
est resté le modèle du genre. Thiers partait
d'une idée qu'un épicier eût eue à sa place si,

au lieu d'observer les progrès de la Prusse, l'épicier eût observé avec inquiétude les agrandissements de Félix Potin. « L'abrégé de tous les préceptes consiste au bon sens », disait Louis XIV qui en avait beaucoup. Il y a ainsi des choses que tout le monde peut annoncer avec un peu d'expérience. Il ne fallait pas être extrêmement perspicace pour découvrir que ces quelques mots : « et l'Allemagne d'autre part, » étaient dans le traité de Versailles comme le ver dans le fruit. Quand les délégués de l'Empire allemand signaient ce traité dans la même Galerie des Glaces où l'unité allemande avait été proclamée une première fois un demi-siècle plus tôt, n'importe quel homme d'instruction moyenne pouvait déjà conclure que ce serait miracle si leurs engagements étaient tenus. Ce qu'on ne peut pas annoncer, par exemple, c'est quand les événements les plus nécessaires se produiront et comment ils se présenteront. Di Rudini, qui était entré fort jeune dans la politique et qui avait vécu fort vieux, avait coutume de répéter : « Évitez de dire : c'est grave. J'ai entendu dire trop souvent que c'était grave. Et surtout ne donnez jamais de dates ».

Il y a un certain degré de complexité qui dépasse le raisonnement. On ne contestera pas que ce degré est atteint par l'Europe telle qu'elle est sortie de la guerre et des cinq traités de Versailles, de Saint-Germain, de Neuilly, de Trianon et de Sèvres. Bien peu de personnes possèdent dans leur esprit le détail complet de ces instruments diplomatiques qui forment plusieurs volumes. Plus rares encore sont celles qui peuvent se faire une image exacte de la confusion extrême où le continent est retombé. Nous n'avons pas tenté de décrire l'indescriptible. On ne peut se flatter d'embrasser ce chaos. Nous avons tâché de saisir et de ne pas perdre le bout de la chaîne, et le bout de la chaîne se trouve certainement à Berlin.

Beaucoup de questions sont laissées de côté dans ce livre. Il est inutile d'emmener le lecteur au fond du Caucase. C'est surtout dans un tel sujet qu'il faut se borner et même procéder par exclusion pour arriver à une clarté relative. On risque aussi de tomber dans une banalité mortelle si l'on se met à étudier un à un ce qu'on appelle les grands problèmes, dont la classification ne répond pas toujours à la réalité. Le peuple français est retenu pour longtemps en Europe et dans le bassin de la Méditerranée. Notre attention doit se fixer d'abord sur ce qui se passe à nos portes. D'ailleurs, plus on s'éloigne de nos frontières, plus les affaires s'obscurcissent, plus on est réduit aux vagues suppositions. Une de ces données simples, qui trompent peu et qui permettent d'avancer en de pareilles matières, c'est que ce qui se passe immédiatement à côté de nous est aussi le plus important. En ne perdant jamais de vue l'Allemagne unifiée, dans son contraste avec une Europe morcelée, contraste qui apparaît presque à chacun des chapitres de ce livre, on finit par ordonner au moins un certain nombre de questions. S'il y a des points sur lesquels nous revenons avec insistance, au risque de nous répéter, et même parfois de sembler nous contredire, c'est parce qu'ils dominent tout. Ainsi, en montagne, les pics principaux reparaissent à chaque détour du chemin jusqu'à obséder le voyageur. Mais ils reparaissent chaque fois sous un aspect différent.

Pendant la dernière année de la guerre, nous avions écrit un livre qui a paru très peu de semaines avant l'armistice du 11 novembre 1918 et qui était destiné à montrer, par des exemples encore tout frais et tout sanglants, par l'histoire de trois générations dont la troisième avait payé pour les deux autres, qu'il y a des moments où quelques idées maîtresses des esprits, quelques décisions prises sous l'influence de ces idées, quelques mots écrits dans les actes diplomatiques à la suite de ces décisions, entraînent pour de longues années des conséquences incalculables. « Il arrive souvent, disait encore Louis XIV, qu'on veut obscurcir le mérite des bonnes actions en s'imaginant que le monde se gouverne de lui-même, par certaines révolutions fortuites et naturelles qu'il était impossible d'éviter : opinion que les esprits du commun reçoivent sans peine parce qu'elle flatte leur peu de lumière et leur paresse, leur permettant d'appeler leurs fautes du nom de malheur et l'industrie d'autrui du nom de bonne fortune.» Ainsi, du 11 novembre 1918 au 28 juin 1919, ce n'est pas le hasard qui a décidé. Ce n'est pas la force des choses. Ce sont des hommes, avec leur caractère et leurs idées. Mille autres combinaisons que celles qui ont été adoptées étaient possibles. On s'en est bien aperçu en cours de route puisque, par telle ou telle intervention, plusieurs dispositions des traités ont été changées soit en bien, soit en mal. Maintenant il n'y a plus qu'à attendre, et, s'il se peut, à prévenir et à corriger les effets. « On aura les conséquences », avait dit le sage d'Israël, rassasié de voir les dirigeants recommencer les mêmes fautes et les foules confier leur vie et leurs destins aux mêmes dirigeants. Les conséquences viennent toujours. Et nous les avons déjà.

CHAPITRE II

CARACTÈRES DE LA PAIX

Le 3 juillet 1919, M. Lloyd George priait la Chambre des Communes de ratifier le traité de Versailles. Et il exposait les raisons pour lesquelles le Parlement britannique devait approuver la paix. « Je demande à n'importe qui, disait-il, de montrer, pour ce qui est de l'une quelconque de ces conditions principales, un seul trait d'injustice ou une décision qu'une cour judiciaire parfaitement impartiale n'aurait pas prise exactement dans le même sens qu'a décidé le Conseil qui a siégé pendant six mois à Paris en examinant scrupuleusement toutes ces clauses. » Et le Parlement britannique ratifia.

Il n'y avait rien à reprocher à cette paix parce qu'elle était bonne au point de vue de la justice, et, par conséquent, aussi raisonnable que juste. D'autres traités avaient été des traités politiques. Celui-là était un traité moral. Il était moral que l'Allemagne fût désarmée et qu'elle perdît, en fait de territoires, ceux qu'elle avait pris à d'autres peuples non germaniques, et ceux-là seulement. Il était moral, au plus haut degré, que les responsables de la guerre fussent jugés, Guillaume II à leur tête : il est vrai, toutefois, qu'ils ne l'ont pas été. Il était moral que l'Allemagne fût privée de sa marine et de ses colonies. Elle ne les eût gardées que pour un mauvais usage : « C'eût été élargir le domaine de l'injustice dans le monde et offrir à l'Allemagne des occasions nouvelles de faire peut-être du mal dans l'avenir ». Enfin il était moral, deux fois moral, que l'Allemagne fût astreinte à payer, d'abord parce qu'elle avait à réparer les dommages causés à autrui, ensuite parce qu'il fallait que le peuple allemand comprît que la guerre est une mauvaise opération et qui ne rapporte rien. Ainsi cette paix, rendue comme un arrêt de justice, aurait encore l'avantage de moraliser le condamné. « J'espère, continuait M. Lloyd George, que l'Allemagne comprendra que sa défaite a fait son salut en la débarrassant du militarisme, des Junkers, des Hohénzollern. Elle a payé un prix élevé pour sa délivrance. Je crois qu'elle trouvera que cela en valait la peine. Quand elle le croira, alors l'Allemagne sera digne d'entrer dans la Société des Nations. »

Ce discours de M. Lloyd George a autant de clartés que d'ombres. Il passe assurément sous silence les bénéfices que la Grande-Bretagne a retirés de la victoire, et le principal, c'est qu'elle est soulagée d'une concurrence maritime redoutable. Apparemment, ces avantages étaient sentis par la masse des Anglais. Ils l'étaient assez pour qu'il fût inutile que le premier ministre insistât. En France, au contraire, M. Clemenceau et ses collaborateurs, afin d'obtenir l'adhésion du pays et la ratification des Chambres, ne se lassaient pas de compter nos gains : l'Alsace-Lorraine, nette de toute charge, rendue à la France, la propriété des mines de la Sarre, le Maroc libéré de ses hypothèques. Grande différence entre les Anglais et nous. Ce qui allait sans dire pour eux, tant leur bénéfice était évident et tangible, devait être démontré pour nous et tout le monde était loin d'être satisfait. Mais, entre l'Angleterre et la France, le contraste s'étendait plus loin. Sur la garantie de la paix par l'occupation de la rive gauche du Rhin, le gouvernement français et le gouvernement britannique présentaient deux thèses presque opposées : une occupation de quinze années, disaient nos négociateurs, et qui pourra être prolongée si l'Allemagne ne tient pas ses engagements ; une occupation qui paraîtra peut-être bien longue, disait M. Lloyd George, mais qui pourra être abrégée, car, le moment venu, la question de l'occupation sera examinée de nouveau.

Ainsi M. Lloyd George avait peut-être besoin de plaider pour la paix qu'il rapportait à Londres. Mais c'était seulement le libéralisme puritain qu'il cherchait à convaincre. L'Angleterre était comblée d'avance. Elle l'était depuis l'armistice, depuis que les navires allemands reposaient en rades britanniques. L'Angleterre n'avait même plus besoin de penser aux bénéfices de la guerre. Elle les avait reçus tout de suite. Elle était en possession. Et elle goûtait sans scrupules et sans remords ce que lui donnait cette paix « juste », si juste qu'à travers le discours de M. Lloyd George elle finissait par sembler immatérielle.

Elle l'est, en effet, dans toute la mesure où elle n'est pas une paix politique. Sans doute les auteurs d'un traité n'ont pas coutume de dire en public les raisons pour lesquelles ils ont pris tel parti plutôt que tel autre. Lorsqu'il s'agit de coalisés qui, une fois la victoire acquise, obéissent à des intérêts divers, cette dissimulation est plus naturelle encore. Le langage de l'idéalisme est commode et il était déjà venu aux lèvres des vainqueurs de 1815. Nous savons aujourd'hui quels avaient été les calculs, les soucis, les différends des Alliés de l'autre siècle. Déjà, nous sommes à peine moins renseignés sur la Conférence de Paris que sur le Congrès de Vienne. Les divulgations sont venues très vite. Qu'a-t-on révélé qui ne fût parfaitement clair ? Le traité de Versailles parle plus haut que tout. Servis par un instinct puissant, par la tradition de l'Amirauté et du Foreign Office et par des circonstances favorables, des intérêts très clairs, les intérêts maritimes de la Grande-Bretagne, avaient été satisfaits tout de suite et sans discussion. Le reste ne s'était inspiré d'aucune conception d'ensemble. Et le reste, c'était la constitution d'une Europe nouvelle. Rien de moins. Au Conseil suprême,

M. Clemenceau rappelait les droits et les sacrifices de la France. Il les rappelait avec énergie, mais une énergie un peu monotone parce qu'il appuyait toujours les décisions les plus sévères pour l'Allemagne sans rompre le cercle des idées où s'enfermaient ses deux interlocuteurs, idées auxquelles il croyait assez faiblement sans croire davantage à d'autres. Par là, il réussit seulement à donner à M. Lloyd George et au président Wilson l'impression que la France ressentait une « appréhension nerveuse » à la pensée qu'elle se retrouverait seule en face de l'Allemagne lorsque les Britanniques et les Américains seraient rentrés chez eux[1], et, pour calmer ses inquiétudes « légitimes », comme disait, d'un peu haut, le premier ministre anglais, Britanniques et Américains avaient promis de revenir en cas d' « agression non justifiée ». Telle fut la « garantie » ajoutée, à la dernière heure, au traité de Versailles.

Prodigieuse puérilité d'hommes pourtant plus que mûrs. Ils supposaient donc que les choses recommenceraient telles qu'ils les avaient vues ? Qu'il y aurait encore une dépêche d'Ems ou un assassinat d'archiduc et que l'Allemagne pourrait attaquer la France à visage découvert comme en 1870 et en 1914 ? Alors ils admettaient aussi qu'ils avaient laissé l'Europe dans le même état que le jour où la guerre avait éclaté. Il y avait là, peut-être, pour les négo-

---

1. Même discours de M. Lloyd George sur la paix, 3 juillet 1919.

ciateurs français, l'occasion de démontrer que la paix était imparfaite et d'introduire une autre conception du règlement européen. Le recours à la garantie — quel que soit le sort de la convention, quelle qu'en soit la valeur pratique, — témoigne, de toute façon, contre une paix qui n'est pas reconnue capable de se soutenir par elle-même et qui a si peu changé la face du monde qu'il importe d'envisager l'hypothèse où la même guerre renaîtrait dans les mêmes conditions.

* * *

Composé par des lecteurs de la Bible et pour des lecteurs de la Bible, le traité de Versailles l'a été aussi par des hommes d'affaires, ce qu'on appelle aujourd'hui des « techniciens ». Les dispositions qui se rapportent au commerce, aux douanes, aux tarifs de chemins de fer, à la navigation fluviale, etc., ont été l'objet d'un soin particulier. Des spécialistes de tous les pays alliés, qui avaient l'expérience de ces questions et qui, pendant la guerre, avaient médité sur les conditions à imposer à l'Allemagne quand elle serait vaincue, ont été consultés et invités à rédiger les clauses commerciales du traité. Il est entendu que, de notre temps, rien ne dépasse l'importance du commerce, et il y a là une « spécialité » qui, dans un âge scientifique, appelle la déférence des hommes d'État.

Il est probable en effet que les spécialistes

savants et les dévoués experts de la Conférence
ont introduit dans le traité de Versailles des
clauses ingénieuses et harmonieusement com-
binées, de manière à rendre inoffensive la concurrence de l'Empire allemand. Il nous a été
expliqué que ces clauses, en ce qui concerne
particulièrement la France, ne se contentaient
pas d'effacer celles du traité de Francfort, mais
qu'elles donnaient à notre pays une telle supériorité et de tels avantages qu'il n'avait qu'à
savoir et à vouloir en profiter pour que ses
industriels et ses négociants eussent une position privilégiée dans le monde, tout étant prévu
et arrangé, notamment, pour que la production
de l'Allemagne fût leur servante au lieu d'être
comme autrefois leur maîtresse.

Ces chapitres du traité de Versailles, sans
aucun doute excellents, dureront et vaudront
autant que ce traité lui-même. C'est ce qui était
arrivé aux mêmes chapitres du traité de Francfort, si habilement conçus pour favoriser l'Allemagne. Et nous espérons aussi que la France
aura l'organisation et l'esprit de suite nécessaires pour que ces articles du traité ne restent
pas lettre morte. Ce que nous avons voulu
montrer, c'est que ni la réflexion ni la « compé-
tence » n'ont manqué à cette partie de la paix,
alors que ses dispositions générales et essen-
tielles, dont dépendent la solidité et le succès
de toutes les autres, ont été arrêtées par des
hommes qui ne se guidaient pas d'après l'expérience qui est la seule « technicité » de la poli-

tique, mais d'après quelques principes fort sommaires d'une philosophie oratoire. Le tracé des nouvelles frontières, par exemple, a été confié à des géographes et à des ethnographes tout à fait distingués, en qui il était permis d'avoir pleine confiance et qui n'auront certainement laissé passer dans l'exécution de leur tâche que des erreurs insignifiantes. Quant au plan selon lequel les États ont été distribués et modelés, il suffit de jeter les yeux sur la carte de l'Europe nouvelle pour s'apercevoir qu'il n'a pu être dirigé que par l'esprit de caprice et de contradiction ou bien au hasard des sympathies, quand ce n'était pas au hasard de discussions entre les Alliés. Tout le monde sait, par exemple, qu'après avoir déclaré qu'un État composite comme l'Autriche-Hongrie était indigne de vivre, le Conseil suprême s'est empressé de constituer, en Tchéco-Slovaquie, une Autriche nouvelle où se retrouvent six sur huit des nationalités dont se composait l'ancienne. Il n'y aura pas un seul poteau-frontière de l'État tchéco-slovaque qui ne soit planté selon les méthodes les plus rigoureusement scientifiques. Quant à savoir combien de temps ces bornes resteront à leur place et les chances qu'elles ont d'y rester, ce n'était pas l'affaire des géomètres-arpenteurs.

Ainsi les détails du traité sont un travail d'experts et de techniciens. L'ensemble, les grandes lignes sont de l'ouvrage d'amateurs. De là lui viennent deux de ses traits dominants :

un caractère moral prononcé, car il est facile
de mettre des lieux communs de moralité à la
place du raisonnement politique qui exige un
effort intellectuel et une préparation particulière. Ensuite un caractère « économique » non
moins accusé et qui s'accorde avec le moralisme
puritain. Cette alliance n'est pas une nou-
veauté. Ici, elle a eu pour effet de primer toute
considération vraiment politique. Le célèbre
Economist de Londres concluait, le 5 juillet 1919, une étude sur la valeur du traité de Versailles par ces mots : « L'Allemand n'est pas
naturellement belliqueux. Or, il vient d'apprendre que la guerre n'est pas d'un bon profit. Les États nouveaux ont encore à apprendre
cette leçon : c'est le rôle de la Société des Nations
de le leur enseigner ».

Ces prodigieuses simplifications ne doivent
pas surprendre. Le président Wilson ne réglait-
il pas le sort du monde en quatorze points ?
M. Lloyd George ne prêche-t-il pas dans
l'Église non-conformiste de son village gallois ?
Pour M. Clemenceau, la question d'Autriche ne
se réduisait-elle pas à savoir que le comte
Czernin avait menti ? La Conférence de la paix
a été un concile. Après qu'il eut été entendu,
une fois pour toutes, qu'on ne reviendrait ni
sur la liberté des mers, ni sur les colonies, ni
sur les navires de l'Allemagne, les principaux
négociateurs, forts de l'armée d'experts et de
techniciens qui leur apportaient, sur des questions particulières, des mémoires et des solu-

tions, édifièrent une nouvelle Europe. Et lorsque, du silence parfois coupé d'orages où le Conseil suprême s'était enfermé, sortit le plus important des traités, celui de Versailles, qui donnerait leur forme aux autres, voici le monstre que l'on vit.

*
* *

Une Allemagne diminuée d'environ 100000 kilomètres carrés, mais, sur ce territoire réduit, réunissant encore soixante millions d'habitants, un tiers de plus que la France, subsistait au centre de l'Europe. L'œuvre de Bismarck et des Hohenzollern était respectée dans ce qu'elle avait d'essentiel. L'unité allemande n'était pas seulement maintenue, mais renforcée. Les Alliés avaient affirmé leur volonté de ne pas intervenir dans les affaires intérieures allemandes. Ils y étaient intervenus pourtant. Toutes les mesures qu'ils avaient prises avaient eu pour résultat de centraliser l'État fédéral allemand et de consolider les anciennes victoires de la Prusse. S'il y avait des aspirations à l'autonomie ou au fédéralisme parmi les populations allemandes, elles étaient étouffées. Le traité poussait, enfermait, parquait 60 millions d'hommes entre des frontières rétrécies. C'est « l'Allemagne d'autre part » au nom de laquelle deux ministres sont venus signer à Versailles le 28 juin 1919.

Du fond de la Galerie des Glaces, Müller et Bell, de noir habillés, avaient comparu devant les représentants de vingt-sept peuples réunis. Dans le même lieu, sous les mêmes peintures, quarante-huit ans plus tôt, l'Empire allemand avait été proclamé. Il y revenait pour s'entendre déclarer à la fois coupable et légitime, intangible et criminel. A sa condamnation, il gagnait d'être reconnu. Müller et Bell, obscurs délégués d'une Allemagne vaincue, pensaient-ils à ce que la défaite laissait survivre d'essentiel ? Peut-être, pour beaucoup des assistants et des juges, était-ce une jouissance de voir le redoutable Empire de Guillaume II humilié dans la personne d'un intellectuel socialiste et d'un avoué de province. La voix brève de M. Clemenceau ajoutait à l'humiliation : « Il est bien entendu, Messieurs les délégués allemands, que tous les engagements que vous allez signer devront être tenus intégralement et loyalement ». Nous entendrons toujours ce verbe tranchant, et les deux *Ia*, indifférents et mous, qui sortirent de la bouche de Müller et de Bell, conduits comme des automates par le chef du protocole. Faible voix. Débile garantie. Qu'est-ce que Müller et Bell pouvaient engager ? Le traité de Versailles mettait en mouvement des forces qui échappaient déjà à la volonté de ses auteurs.

Une paix trop douce pour ce qu'elle a de dur : dès qu'elle avait été connue, nous en avions donné cette définition. On verra qu'elle reste juste et qu'elle a résisté à l'expérience. Le traité enlève tout à l'Allemagne, sauf le principal, sauf la puissance politique, génératrice de toutes les autres. Il croit supprimer les moyens de nuire que l'Allemagne possédait en 1914. Il lui accorde le premier de ces moyens, celui qui doit lui permettre de reconstituer les autres, l'État, un État central, qui dispose des ressources et des forces de 60 millions d'êtres humains et qui sera au service de leurs passions.

Le traité laisse ces ressources et ces forces aux mains d'un seul gouvernement, que Müller et Bell représentaient avant-hier, sur lequel Hugo Stinnes pesait hier, dont la figure et le nom prochains nous sont inconnus, mais qui est toujours l'héritier de l'État prussien. Quant aux passions, passions nationales, passions humaines, instincts naturels et animaux du peuple allemand, le traité contient tout ce qu'il faut pour les surexciter.

La garantie qu'il se vante d'offrir, c'est le désarmement. Les auteurs de la paix ont raisonné ainsi : la possession d'une force militaire excessive a poussé l'Allemagne à la guerre et à la conquête. Une Allemagne qui n'aura plus le droit de conserver sous les drapeaux qu'une centaine de mille hommes, juste ce qu'il lui faudra pour maintenir l'ordre à l'intérieur, sera pacifique et inoffensive. « L'armée allemande, a dit M. Lloyd George, était la clef de voûte de la politique prussienne. Il fallait l'éparpiller, la dissoudre, la désarmer, la mettre dans l'impossibilité de se rassembler de nouveau, rendre impossible l'équipemeut d'une armée semblable. » Alors ce serait assez. L'Allemage ne serait plus l'Allemagne. Faible raisonnement, indigne d'un homme d'État. Napoléon avait fait le même au sujet de la Prusse, et l'on pourrait trouver curieux que M. Wilson, M. Lloyd George et M. Clemenceau eussent renouvelé l'erreur de ce militaire-type si Napoléon n'avait pris ses idées générales au dix-huitième siècle, c'est-à-dire aux mêmes sources qu'eux.

C'est la nature même de la Prusse, pays de colonisation et de conquête, qui a créé le militarisme prussien. Les chevaliers de l'Ordre teutonique ont précédé les Hohenzollern. Ils leur ont légué un besoin et un instrument. Sur les frontières incertaines et toujours disputées du germanisme et du slavisme, dans un pays sans limites naturelles, ouvert aux quatre vents, la force militaire est une nécessité. Le *Heimatschutz* s'est constitué sous nos yeux par une création presque spontanée, comme un Ordre teutonique de la démocratie. Les débris de l'ancienne armée impériale, les bandes dérobées au licenciement ont trouvé refuge dans les territoires des confins, en Prusse occidentale et orientale. Peut-être de nouvelles formes de militarisme sont-elles en train de naître là. Il ne manquera que l'occasion et l'homme qui mettront ce militarisme en mouvement. Si Stein et Scharnhorst avaient réorganisé une armée prussienne avec des principes nouveaux, le major Schill avait pris sur lui de réveiller l'esprit guerrier. Pourtant, après Iéna, la Prusse avait été désarmée. Mais l'État prussien subsistait. Il s'était remilitarisé en cinq ans. Les interdictions du vainqueur avaient été tournées ou violées jusqu'au jour où, les circonstances aidant, l'armée prussienne eut la même légitimité que l'État prussien.

La Prusse d'aujourd'hui, c'est l'Allemagne. Le traité de Versailles les confond. Et ce que ressent la Prusse, l'Allemagne doit le ressentir aussi. Le désarmement qu'ordonne le traité de Versailles est une garantie encore plus faible que celui que Napoléon lui-même n'avait pu obtenir, — et pourtant Napoléon était entré à Berlin. Il ne faut pas oublier en outre que le militarisme prussien, avant d'être un péril européen, a été un péril allemand. Jusqu'en 1866, où il avait dompté les résistances, le militarisme prussien a trouvé des limites ou un correctif dans la constitution même de l'Allemagne, dans l'équilibre des forces et dans les mœurs qui résultaient du régime fédéral. En 1813, le militarisme ne disposait que des ressources de la Prusse frédéricienne. En 1870, des ressources de la Prusse bismarckienne. Pour sa renaissance, il aura celles de tout l'Empire allemand, tel que le traité de Versailles l'a reconnu et consacré.

La paix a conservé et resserré l'unité de l'État allemand. Voilà ce qu'elle a de doux. Cette concession essentielle n'aggrave pas seulement, pour le désarmement, les difficultés de la surveillance. Nous répétons que la puissance politique engendre toutes les autres et un État de 60 millions d'hommes, le plus nombreux de l'Europe occidentale et centrale, possède dès maintenant cette puissance politique. Tôt ou tard, l'Allemagne sera tentée d'en user. Elle y sera même poussée par les justes duretés que les Alliés ont mises dans les autres parties de l'acte de Versailles. Tout est disposé pour faire sentir à 60 millions d'Allemands qu'ils subissent en commun, indivisiblement, un sort pénible. Tout est disposé pour leur donner l'idée et la faculté de s'en affranchir, et les entraves elles-mêmes serviront de stimulants.

*
* *

Qu'est-ce qui peut être le plus douloureux pour les Allemands vaincus? Qu'est-ce qui peut les inciter davantage à la libération? Les territoires qu'ils perdent ou les réparations qu'ils doivent? Les deux, au même degré et au même titre. Ils lient les provinces à l'argent et un Badois se sent aussi intéressé qu'un Saxon à conserver la Haute-Silésie, tous deux restant citoyens du même et unique pays. Sous prétexte que la créance en serait meilleure, le traité a rendu les Allemands également solidaires de la dette. On les a solidarisés aussi dans la protestation. Silésie, Posnanie, Dantzig étaient des conquêtes de la Prusse qui n'intéressaient, il y

a encore un demi-siècle, que les vrais Prussiens.
La perte en est ressentie par un homme de
Stuttgart ou de Munich, parce que l'homme de
Stuttgart ou de Munich se dira : « Wurtembergeois ou Bavarois, je possède et je dois comme
si j'étais Prussien. Notre actif est le même que
notre passif. Tout ce qu'on prend à la Prusse
on le prend à l'Allemagne. On me le prend. Ce
que nous reprendrons, nous le reprendrons
ensemble aussi ». Ils sont 6o millions à rai-
sonner de la sorte, rivés à la même chaîne des
réparations, mais qui s'apercevront mieux de
leur force à mesure que le temps passera. Car
le traité leur donne une obligation commune,
un intérêt commun et un État commun, l'espoir
à travers le désespoir.

Pendant plus d'une génération, les Allemands
devront payer tribut aux Alliés. Ils devront
payer le tribut principal aux Français qui sont
un tiers de moins qu'eux : quarante millions
de Français ont pour débiteurs soixante millions d'Allemands dont la dette ne peut être
éteinte avant trente années, un demi-siècle peut-
être. Des enfants qui ne sont pas encore nés,
qui n'auront connu la guerre que par ouï-dire,
par une légende dont le caractère se laisse déjà
deviner (« nous n'avons pas été vaincus »), ces
enfants seront arrivés à l'âge d'homme et, sur
le produit de leur travail, il leur faudra encore
prélever la part des réparations. Quelles garanties, quelles précautions eût appelées cette
formidable créance | Au moins que ces millions

de créatures ne fussent pas attachées au même boulet, avec un seul gouvernement, peut-être demain un seul chef, pour les dresser à briser leur chaîne.

Maintenant, regardez la carte de l'Europe nouvelle, si, au moment où ce livre tombera sous vos yeux, elle n'a pas été déchirée, bouleversée en plusieurs de ses parties. L'Allemagne est sérieusement rognée. Nous l'avons dit tout à l'heure, elle perd environ 100 000 kilomètres carrés, un cinquième de sa superficie. Mais où les perd-elle? A l'Est surtout, sur sa frontière polonaise. L'Alsace-Lorraine, Eupen et Malmédy, la zone nord du Slesvig : légères amputations auprès de celles que l'Empire subit de l'autre côté. Au jeune et faible État polonais, il a dû rendre la Posnanie. Il est sous la menace de lui restituer la Haute-Silésie. Et Dantzig formé la sortie du couloir qui sépare désormais la Prusse orientale de la Prusse occidentale, comme au dix-huitième siècle, comme au temps où le royaume de Frédéric n'était qu'un « royaume de lisières », que Voltaire raillait. Les Alliés n'ont pas dissocié, ils n'ont même pas fédéralisé l'Allemagne. Ils ont dit qu'on ne revenait pas sur l'évolution de l'histoire. Et ils y sont revenus sur un point. Quel point! Kœnigsberg, la ville de Kant, la ville où le premier roi de Prusse s'était lui-même couronné. L'État prussien du temps jadis, si faible, si mal conformé, « trois enclumes que frappaient trois marteaux », n'avait eu de cesse que

Kœnigsberg fût soudé au reste du royaume, que le corridor polonais fût fermé. Et le traité de Versailles a rétabli l'îlot de la Prusse orientale en laissant subsister une grande Prusse-Allemagne ! Nous examinerons, au chapitre suivant, les effets psychologiques et politiques de cette demi-mesure si gravement inconsidérée.

On ne peut donc pas dire que le traité ne démembre pas l'Allemagne. Il la démembre nettement à l'Est, à un point sensible, très loin de la prise des Alliés. Il la démembre au profit de la Pologne, trois fois moins peuplée qu'elle et plus de vingt fois moins forte si l'on tient compte des faiblesses intimes de l'État polonais et des périls qu'il court. Regardez encore cette carte si parlante. Accroupie au milieu de l'Europe comme un animal méchant, l'Allemagne n'a qu'une griffe à étendre pour réunir de nouveau l'îlot de Kœnigsberg. Dans ce signe, les prochains malheurs de la Pologne et de l'Europe sont inscrits.

A l'extrême rigueur, il pouvait être admis que, sur le flanc occidental, l'unité allemande, tenue en respect par la France, par la Belgique, et, au loin, par la garantie anglo-américaine, ne serait plus dangereuse ou que le danger serait faible, incertain, qu'il serait facile de le conjurer. Peut-être. L'expérience était pourtant bien dangereuse, car, à cette Allemagne, toujours apte à redevenir un puissant État, nous avons tant de charges, tant d'obligations, à imposer qu'elle supportera impatiemment ! Mais

les auteurs de la paix ne paraissent pas avoir
pensé que, sur l'autre versant, il n'y avait rien
et que le gros poids allemand ferait basculer
leur Europe dans ce trou. Pour que les petits
États suscités ou ressuscités à l'Est de l'Allemagne pussent grandir, s'organiser, se développer, passer par les maladies et les crises
de la croissance dans une sécurité relative, il
ne fallait pas qu'une énorme Allemagne pesât
sur eux. La politique des nationalités, encore
plus que la politique d'équilibre, exigeait la
dissociation de l'Allemagne. De petits États ne
sont pas en sécurité auprès d'un seul resté
grand.

Il semble que les auteurs de la paix aient cru
qu'ils avaient réussi à concilier le principe des
nationalités et celui de l'équilibre, puisque les
peuples affranchis de l'Est sont chargés d'équi-
librer la masse allemande. C'est un problème
de mécanique résolu par une métaphore, celle
de la « ceinture » ou de la « barrière ». De quoi
l'Allemagne est-elle ceinte? D'un chapelet de
Serbies. Et encore !

Regardez toujours cette carte étrange. Met-
tez-vous un instant à la place et dans la tête des
hommes qui habitent ces États nouveaux. Pour
eux, l'Allemagne ne peut être que menace ou
attraction. Entre la soumission et la lutte, il n'y
a pas de milieu. Pour la Pologne, aucun choix,
c'est la lutte, et à mort. Mais l'État tchéco-slovaque? Loin d'entourer le germanisme, c'est
le germanisme qui l'entoure, qui l'empêche,

s'il veut, de respirer, qui tient à sa discrétion son commerce et ses industries. Et puis, — nous ne craindrons pas, dans ce livre, de répéter des faits élémentaires, mais qu'il importe d'avoir à tout moment présents à l'esprit, — il y a trois millions d'Allemands en Bohême. Une guerre avec l'Allemagne serait le suicide de la Tchéco-Slovaquie. Une extrême prudence est ordonnée au gouvernement de Prague. Et la prudence s'appelle neutralité. Et la neutralité inconditionnelle, absolue, s'appelle bientôt l'assujettissement.

Plus au sud, c'est pire. Voilà l'Autriche, un morceau d'Allemagne authentique. Elle seule est détachée de l'unité allemande. Si l'on en détache l'Autriche, il n'y a pas de raison pour que les autres parties soient resserrées autour de la Prusse. Si Vienne reste la capitale de l'Autriche, il n'y a pas de raison pour que la Bavière et le Wurtemberg gravitent autour de Berlin. Et du moment qu'on voulait créer une Autriche indépendante, il fallait qu'il y eût aussi d'autres morceaux d'Allemagne indépendants. L'accessoire est à la portée du principal. Trop grande tentation pour l'Allemagne de réincorporer à la patrie allemande les pays autrichiens. Trop grande tentation pour l'État de Vienne de rejoindre une communauté vaste et puissante. Déjà, il est pour le monde un objet de dérision ou de pitié. On le surnomme l'État avorton. S'il était entouré d'autres États de sa taille (il compte à peu près autant d'habitants que la Belgique), il ne serait pas si ridicule. Mais cet unique petit groupe allemand, auprès du colosse germanique, personne ne le prend au sérieux.

Pologne, Tchéco-Slovaquie, Autriche supposaient, pour durer, qu'il n'y aurait pas à côté d'elles une grande Allemagne. L'existence et la sécurité de ces petits États supposaient d'autres petits États. Aucune considération de ce genre ne se trouve dans le traité de Versailles. Il n'apparaît même pas qu'à aucun moment les auteurs de la paix aient songé à ces questions d'équilibre. Le traité de Versailles n'est pas un traité politique.

*
* *

La politique consiste essentiellement à prévoir. Le traité du 28 juin est remarquable par son imprévoyance. Il accumule les difficultés et il renvoie les solutions à plus tard. Il lègue à l'avenir des litiges et des procès, non seulement avec l'Allemagne, mais avec nos alliés. Où en sera l'Allemagne dans quinze ans? Où en seront nos alliances? Cependant cette date est celle où l'occupation de la troisième zone, celle de Mayence, doit prendre fin si l'Allemagne a tenu ses engagements. Et comme elle est déjà en faute, la thèse française est que les délais sont suspendus. Cette thèse sera-t-elle admise partout? A quels conflits donnera-t-elle lieu? Mais l'année 1935 est encore celle où un plébiscite décidera si le bassin de la Sarre reste à la France ou à l'Allemagne. Et, si le plébiscite se prononce contre nous, l'Allemagne devra payer le prix des mines dont le traité nous rend propriétaires. Grandes complications. A quel point seront-elles accrues par l'état où sera alors l'Europe et par l'état où sera l'Allemagne? Quel sera à ce moment le rapport des forces en présence? Nous sommes réduits aux conjectures. De grands problèmes sont livrés au hasard.

Sans doute une paix aussi générale, embrassant autant d'objets que celle de 1919, devait comporter une part d'incertitude. Elle devait être une « création continue ». La paix de Westphalie elle-même n'avait pas échappé à cette nécessité, puisqu'elle avait donné un droit de garantie à la France et à son alliée du Nord, la Suède, d'ailleurs devenue bientôt incapable de l'exercer. Mais à quoi la garantie des traités de Westphalie s'appliquait-elle? A quelque chose de relativement simple, à quelque chose de clair, au statut du corps germanique qu'aucune puissance allemande ne devait pouvoir dominer. Ce principe était absolu. Il était invariable et d'une interprétation qui ne laissait pas de place au doute. La garantie des Alliés de 1919 s'applique, au contraire, à une foule de questions de détail qui prêtent aux controverses et aux transactions : nous l'avons vu pour le charbon à la Conférence de Spa et nous le verrons encore. Quant au premier des points, celui qui tient le reste en sa dépendance, l'équilibre des forces, c'est au contraire celui qui n'est même pas considéré.

Cette omission donne à la paix son principal caractère. C'est une paix qui n'a pas voulu chercher à réaliser l'équilibre. Le respect de l'unité allemande conduisait là. Et toutes les autres conséquences en découlent et en découleront. La plus grave est, pour la France, le maintien de la paix armée, la possession d'une grande force militaire nous restant indispensable, soit pour notre sécurité, soit pour prendre les gages que l'inexécution du traité rendrait nécessaires. Un an d'expérience a déjà montré que l'occupation de la rive gauche du Rhin n'était pas suffisante. Il a fallu une première fois aller à Francfort. La saisie du bassin de la Ruhr a dû être donnée pour sanction à l' « avenant » de Spa. On peut dire que le traité de Versailles organise la guerre éternelle.

Il ne nous a même pas mis dans de très bonnes conditions pour la soutenir. La frontière qu'il nous rend, c'est celle de 1870. C'est une frontière d'invasion, dessinée en 1815 contre la France. L'avis des chef militaires qui demandaient une frontière stratégique n'a pas été retenu. Là-dessus, les « techniciens » n'ont pas été écoutés. Deux exemples historiques prouvent cependant qu'il y a profit à écouter les techniciens dans ces sortes de matières. Quand un état-major dit : « Ici je puis assurer la défense, et là je ne puis l'assurer », il a ses raisons, ses raisons techniques. En 1866, lorsque l'Autriche avait cédé la Vénétie, l'état-major autrichien avait fixé les nouvelles limites de l'Empire. Résultat : pendant trois ans il a suffi à l'Empire austro-hongrois de faibles forces pour briser l'élan des Italiens et, de ses crêtes, de ses cols alpestres, il a deux fois lancé ses troupes sur le chemin de la Lombardie. En 1871, l'état-major prussien ayait voulu garder Metz. Il eut gain de cause. Et c'est pourquoi, en 1914, nous n'avons même pas pu défendre Briey. Par contre, Bismarck avait passé sur l'opposition de Moltke et nous avait laissé la trouée de Belfort : nous sommes entrés dans le Sundgau dès 1914 et nous y sommes toujours restés, comme Moltke l'avait prédit.

Puisque la France demeurait en contact avec une grande Allemagne, il lui fallait au moins une frontière rationnelle, une frontière conforme à cette politique. Nous ne l'avons pas eue. A la sécurité terrestre, naturelle, stratégique, qui ne pouvait elle-même que suppléer à l'absence de sécurité politique, ont été substituées des précautions juridiques, des interdictions pour l'Allemagne d'entretenir des garnisons sur la rive gauche du Rhin et dans une zone de 50 kilomètres sur la rive droite. Il est clair que ces clauses, comme celles du désarmement en général, vaudront autant que les circonstances, autant que le rapport des forces entre les États. C'est toujours à l'équilibre des forces, à l'équilibre politique qu'on se trouve ramené.

C'est peut-être parce qu'il était l'adversaire et le négateur du principe classique de l'équilibre que le président Wilson a voulu que le pacte de la Société des Nations précédât et commandât le traité de Versailles comme tous les autres traités. Qu'est-ce que la Société des Nations ? L'équilibre irréel au lieu de l'équilibre réel. La Société des Nations nie l'équilibre qu'on peut appeler subjectif, celui qui n'admet pas de disproportion entre États voisins ou exposés à des conflits. Elle nie également l'équilibre objectif, celui qui résulte des combinaisons d'alliances. Elle prétend les rendre l'un et l'autre inutiles en assumant la charge d'établir la justice entre les peuples, de faire respecter le droit et d'harmoniser les intérêts. Le jour où l'Allemagne serait jugée digne d'entrer dans l'association, ce jour-là, selon le système wilsonien, la paix n'aurait plus besoin d'une autre garantie.

Un seul article, dans le pacte de la Société, avait un sens net et positif. C'était l'article 10, celui par lequel les membres de la Ligue s'engageaient entre eux à protéger et à défendre leur intégrité territoriale et leur indépendance. Unique de son espèce, une grande assemblée politique, le Sénat de Washington, a eu le courage et la franchise de dire tout haut qu'elle rejetait un pareil fardeau et un pareil devoir. Les gouvernements et les parlements qui les ont acceptés n'étaient pas sincères et ne se croyaient pas réellement tenus par un si vaste engagement ou bien ils n'en avaient pas mesuré l'étendue. En repoussant l'article 10, le Sénat de Washington a détruit une illusion. Il a rendu un immense service. Chaque peuple, désormais, doit chercher sa voie et sa politique selon les données de l'expérience ordinaire. Il les cherchera au milieu d'une vaste confusion que le traité de Versailles n'a pas créée tout entière, mais qu'il a aggravée pour une part considérable avec ses appendices, les traités de Saint-Germain, de Neuilly, de Trianon et de Sèvres.

A travers ce chaos, la politique de la France reste dominée, comme avant 1914, par le problème allemand. La paix ne l'en a pas soulagée. Quelle sera désormais la nature de nos rapports avec l'Allemagne? C'est la première des questions. C'est le bout de la chaîne. Et là, il n'y a pas de doute. Il n'y a pas de choix. Si nous avons échappé à la dépendance de l'Allemagne, nous restons dans la dépendance du problème allemand.

CHAPITRE III

CE QUI A SAUVÉ L'UNITÉ ALLEMANDE

Tout le monde est aujourd'hui d'accord pour regretter que l'Allemagne vaincue ait conservé son unité politique, c'est-à-dire le principal résultat des anciennes victoires militaires de la Prusse. Les négociateurs français eux-mêmes ne le nient pas : il eût mieux valu que l'unité allemande ne survécût pas à notre victoire. M. Tardieu plaide la force majeure. On ne conteste plus la justesse du mot de Thiers (six semaines avant Sadowa) : « Le plus grand principe de la politique européenne est que l'Allemagne soit composée d'États indépendants, liés entre eux par un simple lien fédératif ». M. André Tardieu a seulement allégué que M. Clémenceau et ses collaborateurs s'é'aient heurtés à des impossibilités dont la principale était l'opposition de nos alliés et les principes généraux énoncés par M. Wilson et acceptés par tous, sur lesquels a été fondée la paix.

Nous laissons de côté la question de savoir si

ces principes étaient intangibles et si la conversion de M. Wilson ne pouvait être tentée. Le gouvernement britannique avait obtenu, par exemple, l'abandon de la liberté des mers. Le gouvernement français, à l'heure où les positions furent prises, c'est-à-dire entre l'armistice et la réunion de la Conférence, n'aurait-il pas obtenu, lui aussi, en présentant les arguments convenables, que le respect de l'unité allemande fût laissé de côté? Il n'y a eu aucune tentative de ce genre, et la raison en est simple. C'est que le « grand principe de la politique européenne » dont parlait Thiers était absent des esprits. Il était déjà terriblement obscurci sous le Second Empire. On peut dire que, de nos jours, il ne vivait plus qu'à l'état de souvenir historique chez un très petit nombre de personnes qui n'étaient pas de celles à qui la charge de conduire les négociations était confiée. Si tel ou tel des membres de la délégation française a eu, à de certains moments, une lueur de la politique à suivre, ce ne furent que des velléités aussi tardives que passagères. Le cœur n'y était pas. Les idées non plus, les idées encore moins. Avant et pendant la guerre, M. Clemenceau a eu l'occasion d'exposer les siennes. Il les a réunies dans un livre sur l'Allemagne qui respire un patriotisme sincère. On y cherche en vain quelque chose qui ressemble aux vues d'un homme d'État.

M. André Tardieu, dans ses mémoires justificatifs, rappelle qu'aucun des gouvernements qui ont précédé celui de M. Clemenceau n'avait inscrit, même dans ses documents secrets, la division de l'Allemagne au nombre de nos buts de guerre. Cependant il en avait été question au cours de conversations particulières avec l'empereur Nicolas II, qui acceptait parfaitement cette idée. Preuve qu'elle était capable de déterminer des adhésions, car elle n'était pas dans les traditions de la cour de Russie qui, au moins depuis la guerre de Crimée, ne s'était jamais opposée aux progrès de l'unité allemande et ne l'avait pas contestée en 1871. Mais M. André Tardieu a raison. Il n'y avait eu en ce sens, pendant la guerre, que des tentatives isolées, des rayons de lumière fugitifs. Ni en 1916, au moment où les principaux alliés avaient conclu leurs accords en vue de la victoire, ni en 1917, lorsqu'en réponse à l'offre de paix de l'Allemagne ils avaient défini leurs buts de guerre, il n'avait été question de ramener l'Allemagne à l'état fédératif. Les accords de 1916 plaçaient même la rive gauche du Rhin sous notre influence sans prendre garde que le reste des pays allemands demeurerait centralisé sous la direction de la Prusse, en sorte que cette combinaison avait les mêmes défauts que celles de Napoléon III.

Tout ce que M. André Tardieu a réussi à prouver, c'est que l'État français, pendant la guerre, n'a eu ni doctrines ni principes sur les affaires d'Allemagne. L'orateur qui, à la Chambre, eût parlé des traités de Westphalie, n'eût pas eu plus de succès que Thiers en 1866. Ceux qui en parlaient dans des livres ou dans la presse obtenaient le suffrage des hommes cultivés, et M. Paul Deschanel, par exemple, ne marchandait pas le sien. Mais ces idées étaient sans doute trop neuves ou bien elles venaient de trop loin et elles supposaient une préparation trop peu répandue pour entraîner des convictions efficaces. Partout ailleurs, elles étaient tournées en dérision. Le pouvoir, à qui elles étaient étrangères ou trop nouvelles, ne les eût partagées et mises en œuvre que si elles avaient conquis l'esprit public. La conquête de l'esprit public demande des efforts et du temps. Elle est seulement commencée. Il y a fallu l'expérience de la paix, et c'est peut-être bien tard.

On dira sans doute que, pendant la guerre, il était imprudent de menacer l'Allemagne d'une dissociation et que cette menace n'eût servi qu'à resserrer l'union nationale. La même raison eût pu empêcher aussi de proclamer que la lutte serait poursuivie jusqu'à la victoire complète, jusqu'à ce que l'Allemagne fût à genoux. Elle eût pu empêcher de promettre à Guillaume II le dernier supplice, car jusqu'aux dernières semaines de la guerre, le prestige de l'empereur n'était pas atteint. Quand les Allemands ont-ils renversé Guillaume II? Quand ils ont compris que la chute des Hohenzollern était nécessaire pour obtenir la paix. Au début de novembre, Scheidemann et les socialistes majoritaires hésitaient encore.

Il est probable que le même résultat eût été atteint si l'Entente eût annoncé qu'elle accorderait la paix quand l'Allemagne aurait brisé son unité, et alors seulement. Peut-être cette déclation eût-elle été accueillie d'abord avec mépris, avec une indignation même sincère. Aussi longtemps que l'Allemagne a cru à la victoire, elle n'a pas consenti à renier Guillaume II, ni même à renoncer au « gage » de la Belgique. En 1918, elle disait encore « jamais ! » pour l'Alsace-Lorraine. Avec le progrès de nos armes, l'idée eût fait du chemin. Nous savons aujourd'hui que, bien avant l'armistice, la Bavière était lasse et que le roi Louis III commençait à penser que mieux vaudrait tirer son épingle du jeu. Que se fût-il passé si cette issue avait été montrée aux Allemands ? Personne ne peut dire qu'ils n'auraient pas renoncé à leur unité aussi facilement qu'ils ont renoncé à leur monarchie. Il n'était pas non plus impossible de leur démontrer que leur unité était la cause de leurs malheurs et des nôtres, autant que les Hohenzollern en étaient responsables. Pour le démontrer, il eût fallu le savoir.

*
* *

Les Alliés avaient dénoncé le « militarisme prussien » et l'autocratie comme les ennemis de l'Europe et les auteurs de la guerre. Il n'était pas entré dans leur esprit, non seulement que l'unité allemande était l'œuvre de ce militarisme et de cette autocratie, mais encore qu'elle serait toujours portée à recourir aux moyens qui l'avaient créée. Il n'y a eu à aucun moment, dans les conseils des Alliés, d'examen raisonné de la question d'Allemagne. Les causes historiques de la catastrophe européenne, qui éclairaient tout, n'ont pas retenu l'attention d'hommes d'État que rien n'avait préparés à ce genre d'étude. L'Allemagne qu'ils avaient connue était une Allemagne unifiée. Son unité était regardée comme un fait qui d'ailleurs s'accordait avec le principe des nationalités et le droit des peuples à disposer d'eux-mêmes. Dans l'édifice élevé par Bismarck et par les Hohenzollern, il suffirait, après l'avoir réduit à ses parties authentiquement allemandes, de verser une certaine dose de démocratie. Alors, moyennant quelques précautions d'ordre militaire, jusqu'à ce que la conversion du peuple allemand fût complète, on aurait fait ce qu'il était humainement possible de faire pour la paix de l'Europe et le progrès de l'humanité.

Nous ne traçons pas une caricature du « baptême des Saxons ». Ou bien cette vue philosophique a dirigé les négociateurs alliés ou bien ils n'ont rien pensé du tout. De ce qui se disait dans l'entourage de M. Clemenceau, on peut déduire que le chef du gouvernement français a considéré l'unité allemande comme un phénomène dû à l'évolution générale des peuples européens au dix-neuvième siècle et sur lequel on ne pouvait revenir en vertu de cet adage qu'il n'y a pas de régression.

M. Clemenceau n'était pas de l'école qui enseigne à ménager l'ennemi. Son romantisme de la guerre, après avoir si largement contribué à sauver la France, a fini par aider à sauver l'Empire allemand. Le détour paraît imprévu. Mais, comme le diable, le romantisme est logicien. Au fond, M. Clemenceau répugnait à distinguer entre les Allemands et c'est à l'Allemagne en bloc qu'il réservait sa sévérité. Un traitement «différentiel» appliqué aux Bavarois ou aux Rhénans l'eût choqué deux fois, d'abord parce que les Allemands, formant un tout à ses yeux, étaient tous également coupables ; ensuite parce qu'une distinction entre ces coupables tous égaux eût été de l'histoire ancienne et n'eût répondu à aucune réalité du temps présent : sur ce point non plus nous ne croyons pas dénaturer sa pensée.

Les idées de la génération républicaine à laquelle appartient M. Clemenceau ont eu là leur point de rencontre avec son vif patriotisme, son brûlant sentiment de la guerre et de la culpabilité des agresseurs. Mais, pour punir l'Allemagne, il eût fallu penser aussi, comme au moment où l'Autriche fut détruite, à ne pas nous punir nous-mêmes. L'entourage de M. Clemenceau s'efforçait d'ailleurs de traduire en langage positif sa théologie de l'évolution et sa doctrine de la vindicte. Non pas une fois, mais dix, pendant les négociations de paix, quelques-uns de ses collaborateurs immédiats ont expliqué devant nous ou devant des personnes dignes de confiance qui nous ont rapporté leurs paroles, que les forces particularistes n'existaient plus, que les guelfes hanovriens n'étaient qu'une poignée, « une demi-douzaine », qu'on ne revenait pas sur cinquante ans d'histoire, que la guerre et la défaite elle-même avaient resserré l'unité allemande, enfin que cette unité, après avoir été morale et politique, était devenue économique, qu'elle était constituée par le réseau des voies ferrées, des canaux, des échanges, par l'organisation de l'industrie, et que le réalisme ordonnait de tenir compte de ces faits... Il y a lieu de croire que M. Clemenceau ne s'embarrassait pas de tant de raisons. Il avait de l'Allemagne une vue sommaire. Il la jugeait d'assez loin et sans se mettre en peine de ses caractères particuliers. A la tribune, peu de temps avant l'armistice, lorsque Guillaume II, semblable à un vieil empereur germanique de ses prédécesseurs, avait accordé une « Bulle d'or » à ses sujets, M. Clemenceau avait raillé cette démocratie impériale. Quelques mois plus tard, l'Assemblée de Weimar accouplait à l'Empire, dont le nom et l'idée étaient maintenus, une constitution républicaine où le mot de République n'est prononcé qu'une seule fois. Il y a plus de variétés et plus de contradictions dans les choses allemandes et dans les esprits allemands que n'en conçoivent une faible connaissance et une brève philosophie.

*
* *

La droite pure était beaucoup moins nombreuse dans le Reichstag de 1912 que dans celui qui est issu des élections du 6 juin 1920. Pourtant ce Reichstag de la guerre avait répondu par une manifestation indignée lorsqu'il était apparu que l'Entente exigeait, pour accorder la paix à l'Allemagne, l'abdication de Guillaume II. Bientôt l'Allemagne et les chefs militaires (qui avaient toujours eu un parfait mépris pour le souverain qu'ils rendaient responsable de mille fautes et surtout de n'avoir pas déclaré la guerre plus tôt), tout le monde arriva à la conviction que le sacrifice des Hohenzollern était nécessaire pour échapper à une catastrophe totale. Les Alliés ont-ils eu raison de poser, comme condition préalable, la chute de Guillaume II ? Un célèbre journal radical anglais, le *Manchester Guardian*, l'a regretté depuis. Si Guillaume II, a dit ce journal après les élections nationalistes du 6 juin, avait signé la paix de Versailles, c'est lui, et non pas les socialistes et les démocrates, que le peuple allemand eût accusé de ses maux et la réaction n'eût pas trouvé ses armes les plus perfides et les plus sûres. Ainsi, il n'est pas certain que la chute des Hohenzollern, au moment où elle s'est produite, ait été une bonne chose pour l'avenir de la démocratie en Allemagne. Mais la chute de cette dynastie détestable, et que nous avons vu disparaître avec un profond soulagement et un ardent plaisir de vengeance, s'était accompagnée de tout un écroulement de trônes. C'est à cet écroulement-là que nous n'avons rien gagné. Au contraire. Les moyennes et petites dynasties allemandes avaient été dans le passé le support du particularisme. Il était universellement admis qu'en cas de désastre, la désagrégation de l'Empire commencerait par les princes allemands. Bismarck le savait bien. Aussi l'Allemagne qu'il avait fondée reposait-elle sur une double assurance contre les « tendances centrifuges », c'est-à-dire particularistes, et contre la révolution. Dans son système, les princes allemands, vassalisés par les Hohenzollern, devaient être trop heureux de garder leur couronne sans avoir à craindre de mouvements populaires, l'empire de 1871 conciliant le principe monarchique avec le principe libéral et unitaire. Leur docilité était certaine. Ils étaient intéressés à ne plus être que de « loyaux confédérés ». D'autre part, la survivance des petites dynasties garantissait les Hohenzollern à leur tour contre une révolution. Bismarck avait calculé que les Allemands hésiteraient toujours à renverser l'empereur-roi de Berlin parce qu'une révolution en Prusse libérerait les princes du Sud et annoncerait la fin de l'unité allemande. Pour que la chute des Hohenzollern pût avoir lieu sans dommages pour l'unité, il fallait que cette condition extraordinaire fût remplie : la chute préalable de tous les autres trônes allemands.

Ces choses étaient connues à Berlin. C'était un pont aux ânes de la politique allemande. A partir du moment où il apparut au gouvernement impérial que la guerre menaçait de mal tourner, son attention se fixa sur les deux périls de la révolution et du particularisme, l'un devant accompagner l'autre. Ce n'est pas par hasard que l'avant-dernier chancelier de Guillaume II a été le comte Hertling, président du conseil en Bavière, et le dernier le prince Max de Bade, héritier du trône grand-ducal. A la veille du désastre, le souci de l'empereur allemand allait donc du côté de l'Allemagne du Sud, et des monarchies de l'Allemagne du Sud, comme il allait à l'Autriche et à la monarchie des Habsbourg, tant il était sûr que, si la révolution éclatait à Berlin seulement, l'Allemagne se déchirerait. L'œuvre de 1866 et de 1871 serait anéantie. Un renversement des Hohenzollern, tandis que les Habsbourg, les Wittelsbach eussent été épargnés avec les autres dynasties germaniques, aurait eu des conséquences incalculables. La face et l'avenir de l'Europe eussent été changés.

Les préoccupations de Guillaume II étaient celles d'un empereur allemand. C'étaient celles du nationalisme allemand libéral, démocrate ou socialiste. Elles auraient dû éclairer les Alliés, guider leur politique, surtout la politique française. Il n'en fut rien. L'Entente ne voulut pas distinguer. Elle exigea des peuples allemands une révolution intégrale. Elle exigea partout la

démocratie. Ce fut le salut de l'unité allemande.
La révolution de novembre se fit comme elle
devait se faire pour que la dissociation fût évi-
tée, pour que, dans le désastre, les « tendances
centrifuges » ne prissent pas le dessus : Guillaume II tomba le dernier. Militaires et parle-
mentaires, pressés d'obtenir un armistice avant
la catastrophe et de donner satisfaction aux
Alliés, n'obligèrent Guillaume II à fuir en Hol-
lande qu'au moment où le séparatisme parut
conjuré grâce aux révolutions qui avaient commencé à Munich et à Stuttgart. La condition
extraordinaire, presque invraisemblable, qui
permettait de marier la république et l'empire
bismarckien, était remplie. Elle l'était conformément au programme que l'Entente avait
fixé.

*
* *

La disparition des dynasties secondaires ne
rendait pas impossible une politique de dissociation de l'Allemagne. Elle la rendait infiniment
plus difficile. Le particularisme personnifié par
des princes nous eût fait des avances de lui-
même. L'intérêt de ces princes les y eût engagés et ils eussent possédé les moyens diplomatiques nécessaires pour entrer en conversation.
Imaginons Guillaume II chassé de Berlin, tandis que Charles Iᵉʳ reste à Vienne, Louis III à
Munich, l'autre Guillaume, roi de Wurtemberg,
à Stuttgart, etc. Aussitôt, ils se tournent vers
le vainqueur. Ils implorent sa protection. Ils

cherchent à obtenir de lui des avantages, de la sécurité pour eux-mêmes et pour leurs peuples. Charles Ier communique avec Paris, comme il l'a déjà cherché pendant les hostilités, par la cour de Madrid. Louis III s'adresse à Bruxelles et se souvient qu'Albert Ier a épousé une princesse bavaroise. Le Wurtembergeois, moins bien placé parce que ses parentés russes ne peuvent plus lui servir à grand'chose, trouve dans sa généalogie d'autres intermédiaires. De même pour le Saxon, pour le Badois et les moindres seigneurs. C'est à qui se fera bien venir et donnera des gages le premier.

Après le raz de marée de novembre 1918, ces commodités n'existaient plus et la révolution allemande, en raison même de son caractère d'opportunité, marchait dans un sens unificateur. La défaite laissait le particularisme sans voix et sans moyens d'action, subsistant quand même à l'état de désir vague et d'instinct parce qu'il répond à la nature des choses, mais dépourvu de l'instrument politique qui lui eût permis de se manifester. La social-démocratie, principale bénéficiaire de ces journées de révolution trop facile, travaillait d'ailleurs tout de suite dans le sens d'une centralisation renforcée. Le *Vorwœrts* l'avait dit le 3 novembre : « Plus l'empire est démocratique, plus son unité devient sûre et plus grande sa force d'attraction. La grande Allemagne, qui déjà semblait se faire en 1848 et dont les contours se dessinent de nouveau devant nous, avait été con-

çue sous la forme d'un État démocratique ».
Dans la mesure où ces journées de novembre
ont été républicaines, elles ont été favorables
à l'unité de l'Allemagne[1].

Les conducteurs de la politique française s'en
rendaient-ils compte? Leur esprit était visible-
ment ailleurs. Ils pensaient à l'on ne sait quels
projets d'intervention en Russie à l'heure où
toute leur attention eût dû se tourner vers l'Allemagne. Pas plus à ce moment-là qu'à aucun
moment de la guerre, ils n'avaient de plan,
parce qu'ils n'avaient pas d'idée directrice.
Néanmoins, on pouvait leur prêter l'intention
d'utiliser la victoire pour tenter une dissociation de l'Empire allemand. Pour leur épargner
des erreurs et des fautes, il importait de les
avertir que la démocratie allemande ne travaillait pas dans ce sens-là, qu'elle représentait un
courant historique favorable à l'unité, le même
d'où l'empire des Hohenzollern était sorti. Dans
le mémorial où il défend l'œuvre de la délégation française à la Conférence de la paix,
M. André Tardieu, invoquant notre témoignage,
affecte de croire que nous considérions alors
comme impossible une dissociation de l'unité

---

1. Le 20 juillet 1920, à l'Assemblée nationale de Vienne, le
député « grand-allemand » Angerer (grand-allemand, c'est-à-dire
partisan du rattachement de l'Autriche à l'Allemagne) déclarait :
« Nous ne permettrons pas la restauration de la monarchie en
Autriche parce qu'elle enterrerait pour toujours toute possibilité de
rattachement ». On ne saurait mieux dire que l'élément dynastique
est essentiel au particularisme. Et ce qui est vrai de l'Autriche l'est
également de la Bavière et des autres États allemands.

allemande et comme impraticable pour nous et pour les Alliés toute politique tendant à ce résultat. Nous avertissions, au contraire, que les conditions étaient changées, qu'on se fût trompé du tout au tout si l'on avait cru que les liens de l'unité avaient été relâchés par la révolution de novembre et que, par conséquent, pour dissocier l'Allemagne, il fallait songer à d'autres moyens.

L'avertissement était certainement inutile, puisqu'il a été pris comme un conseil de s'abstenir quand il était destiné à exciter les imaginations et à les rendre plus ingénieuses. Il n'eût servi à rien de ne pas se rendre compte que l'Allemagne de 1918 n'était plus celle de 1866 où les princes germaniques se battaient contre la Prusse. Il n'était pas question non plus de faire en Allemagne du séparatisme, comme nous disions, « sur commande ». Le séparatisme allemand n'a jamais été provoqué du dehors. Les expériences de Napoléon Ier ont été décisives à cet égard. La vraie politique de la France consistait à favoriser les mouvements de sécession qui se produisaient naturellement à l'intérieur, et une instruction du dix-huitième siècle au ministre de France accrédité près de la Diète germanique disait en termes excellents: « Bien entendu que M. de Chavigny évitera soigneusement de paraître jamais l'auteur de ces sortes de mouvements; car il suffirait que l'origine en fût connue pour que es effets contraires eussent lieu ». Ce qui n'empêchait pas la politique française, conformément à un principe toujours maintenu depuis la paix de Westphalie, d'intervenir par tous les moyens, y compris ceux de la force, lorsqu'un des États de l'Allemagne faisait mine de vouloir soumettre et rassembler les autres.

Il n'était même pas besoin de connaissances historiques pour retrouver ces règles de conduite aussi simples que sages. Le·bon sens y suffisait. D'ailleurs, le particularisme allemand a des racines si profondes, il est tellement commandé par le génie de la race et celui des lieux, qu'un philosophe errant, un bohème politicien, Kurt Eisner, devenu par le hasard des révolutions dictateur à Munich, ne tardait pas à se tourner vers la France et, par des appels d'un idéalisme bizarre, cherchait à entrer en contact avec le gouvernement français. Un officier allemand le tua comme un chien.

*
* *

« Il m'a fait trop de bien pour en dire du mal. » Ainsi doivent penser les Français de Georges Clemenceau. Mais ses idées et son œuvre, qui en découle, ont besoin d'être jugées. Homme de la guerre, M. Clemenceau n'était pas préparé à la paix. Il songeait à faire le plus de mal possible à l'Allemagne, et, là-dessus, Keynes, qui l'a vu au Conseil suprême, lui a rendu un témoignage éclatant. Seulement sa haine n'était ni informée ni clairvoyante. Pareil à ces vieux briscards que nous avons vus, à Mayence, rire amèrement quand un chef à l'esprit ouvert leur demandait de distinguer les « Rhénans » des Prussiens.

Le jour même où, plaidant les circonstances atténuantes pour le traité de Versailles, il priait le Sénat de croire qu'il eût dissocié l'Allemagne s'il l'eût pu, M. Clemenceau apportait la preuve qu'il ne croyait pas à l'efficacité de cette dissociation. Il invoquait ses souvenirs de 1870 et il donnait en exemple la Bavière qui, non seulement avait marché avec la Prusse, mais qui avait montré dans la guerre une férocité inoubliable. Il y a pourtant d'autres choses que la politique ne doit pas oublier. En 1870, l'armée bavaroise, bien que commandée par un prince prussien, était encore distincte de l'armée prussienne. Surtout elle n'avait reçu que dans une faible mesure le dressage prussien. Son infériorité militaire était manifeste et c'est sur elle que les Français remportèrent la plupart de leurs succès pendant la campagne. L'armée de la Bavière, en 1870, était à celle de la Prusse ce que l'armée autrichienne, en 1914, était à l'armée allemande. Quand l'indépendance des États allemands, même dans un système fédéral, ne servirait qu'à maintenir ces différences et ces inégalités de niveau, elle ne serait pas d'un poids négligeable. Ainsi la centralisation par la Prusse, au point de vue de la sécurité européenne, est ce qu'il importe avant tout d'éviter.

Il est malheureusement certain que ce principe salutaire était étranger à l'esprit des négociateurs français. Encore plus à celui des autres négociateurs pour qui l'existence de l'État allemand était non seulement un fait, mais un fait légitime. On partit de là. Et même toute question de droit international public fut écartée. Quand M. Jules Cambon eut un scrupule et demanda si la Bavière, possédant, d'après la Constitution de 1871, une représentation diplomatique, ne devait pas être convoquée à la signature pour que l'instrument de la paix fût en règle, le problème fut examiné et tranché, séance tenante, par la négative.

Dès lors, tout s'ensuivit. Quand le conseil des Alliés chercha le moyen de désarmer l'Allemagne, il oublia le meilleur, qui était de ne laisser subsister que de petites armées attribuées à chacun des États allemands. Il ne connaissait pas ces États. Il donna une armée à toute l'Allemagne, une seule armée, c'est-à-dire qu'il la donna à la Prusse, rendant ainsi au « militarisme prussien » presque autant qu'il lui prenait. Ce jour-là, le public français eut une première inquiétude. Mais on était embarqué. Une fois, seulement, la délégation française, — nous croyons que l'honneur de cette initiative revient à M. Stephen Pichon, — tenta de manœuvrer dans le sens que les événements indiquaient. Elle proposa, timidement, de ravitailler de préférence les Bavarois. C'était le moment où un observateur neutre disait :

« L'Allemagne appartiendra au premier qui se promènera avec un saucisson au bout d'une perche ». La suggestion française fut repoussée. On n'insista pas.

Il n'est pas douteux que, dès la première heure, M. Lloyd George et M. Wilson avaient été en garde. Ils ne voulaient pas d'une dissociation de l'Allemagne. Ils n'en voulaient pas pour des raisons philosophiques et politiques. A ces raisons, les négociateurs français n'en opposaient pas parce qu'ils n'en avaient pas. Ils n'en avaient pas parce que leur philosophie était, au fond, la même que celle de leurs interlocuteurs anglo-saxons : le droit des nationalités d'abord, et la nationalité allemande devait avoir les mêmes droits qu'une autre ; l'évolution, et comme l'évolution interdit que l'on revienne en arrière, cinquante ans devaient avoir rendu l'unité allemande indestructible. En partant de là, on fit ce qu'on devait faire : on lui donna la consécration du droit public qui lui manquait, on aida les centralisateurs prussiens à compléter l'œuvre de Bismarck. On nous a dit qu'une politique réaliste et pratique le voulait aussi, qu'une grande Allemagne aux rouages simplifiés, formant un tout économique, serait, pour nos réparations, un débiteur plus sûr qu'une Allemagne composée de petits États médiocrement prospères. Ce raisonnement commence à apparaître comme une des folies les plus remarquables de l'histoire moderne. Nous y avons gagné que 40 millions de Français sont créanciers d'une masse de 6o millions d'Allemands, et pour une créance recouvrable en trente ou quarante années.

On se demande comment, dans ces conditions, licence n'a pas été laissée à l'Allemagne d'annexer l'Autriche. Après tout, l'Autriche, province allemande, représentée en 1848 au Parlement de Francfort, n'avait été tenue à l'écart de la grande Allemagne, de la mère commune des Germains, que par des causes historiques et dynastiques. L'État des Habsbourg ayant cessé d'exister, il n'y avait que des raisons politiques qui pussent déterminer les Alliés à interdire aux Allemands d'Autriche de se réunir aux autres Allemands. Ces raisons étaient si fortes qu'elles ont triomphé contre le principe des nationalités et le droit des peuples. Il eût été absurde et scandaleux de permettre à l'Allemagne vaincue de jouer à qui perd gagne et de retrouver plus de territoires et de population qu'elle n'en restituait. Encore ne sommes-nous pas bien sûrs que, sans la presse et l'opinion publique, qui, cette fois, grondèrent, la séparation de l'Autriche eût été maintenue et que le gouvernement français n'y eût pas renoncé. Il y avait peu de certitude, peu de fixité chez nos négociateurs et leurs conseillers, parce qu'ils n'avaient ni vue d'ensemble ni doctrine. Un moment, ils songèrent même au jeu dangereux des « compensations ». Contre la rive gauche du Rhin abandonnée à notre influence, l'Allemagne eût annexé l'Autriche. O naïfs diplomates napoléoniens, disions-nous alors, savez-vous ce qui arrivera? C'est que vous n'aurez pas les provinces rhénanes et que l'Allemagne gardera l'Autriche.

Elle ne renonce pas à l'espoir de la prendre un jour. C'est, à portée de sa main, une tentation permanente. Elle en a d'autres. Concentrée à l'intérieur, l'Allemagne a été dissociée à sa périphérie. Des millions d'Allemands vivent au voisinage immédiat de ses frontières, six ou sept en Autriche, trois en Tchéco-Slovaquie. La dissociation de l'unité allemande, dont les Alliés n'ont pas voulu au dedans, ils l'ont réalisée au dehors. La raison, l'expérience l'indiquent: cette œuvre est fragile et mauvaise. S'il était bon que des portions de pays germaniques fussent écartées de l'unité allemande, il fallait aussi que d'autres portions en fussent isolées. Sinon, les morceaux, soumis à l'attraction d'un grand État allemand, tomberont tôt ou tard sous sa dépendance.

Ainsi, les Alliés ont reculé devant les dernières conséquences de leurs principes. Ils ont démembré l'Allemagne tout en l'unifiant. Par là leur œuvre est illogique et incohérente. Elle est fragile aussi. Et les hommes qui ont succédé aux négociateurs de la paix, qui ont reçu leur héritage, se trouvent aujourd'hui dans un grand embarras devant cette Allemagne compacte, unie, et aux pourtours de laquelle paraissent des irrédentismes qui l'excitent à poursuivre l'achèvement de son unité. Après avoir tourné le problème allemand sous toutes ses faces, M. Millerand, n'ayant en main que le traité de Versailles, s'estimant lié par ce traité, en est venu, à la Conférence de Spa, à essayer de la collaboration et de la coopération avec cette trop grande Allemagne. Quelle que soit la différence qu'il y ait de la victoire à la défaite, c'est un peu la situation et l'état d'esprit de Thiers après 1871. Nul mieux que Thiers n'avait annoncé les difficultés et les malheurs qui résulteraient de l'unité allemande. Cette unité faite, il se sentit comme accablé. Il pensa que nous n'avions plus d'autre recours que de nous entendre avec cette puissante Allemagne et de collaborer avec elle. L'homme des discours prophétiques de 1865 et de 1866 ouvrait la voie à une politique qui devait s'épanouir un jour avec M. Joseph Caillaux. Prenons garde d'être encore placés sur ce chemin dangereux.

En 1919 comme en 1866, tout a dépendu des idées qui régnaient en France. Faut-il accuser seulement M. Wilson? Lorsqu'il débarqua sur le continent européen, après l'armistice, le président rapportait chez nous les idées de Napoléon III, à peu près comme Ibsen nous avait ramené George Sand et Tolstoï Jean-Jacques Rousseau. Le succès fut du même ordre : M. Wilson trouvait un terrain préparé. Contre ses « idées napoléoniennes », les esprits étaient sans défense. Ils n'en avaient pas d'autres à opposer aux siennes et une paix générale, œcuménique, comme celle qu'il s'agissait de conclure, se fait avec des principes et des idées. Celles qui prévalaient jusque chez les négociateurs français étaient favorables à l'unité allemande. Ils ne croyaient pas que la dissociation fût possible. Ils la désiraient même faiblement. Et ce n'était pas en elle, mais dans la révolution, dans la conversion de l'Allemagne par la démocratie, qu'ils mettaient surtout leur espoir de rendre l'Europe habitable et sûre. Ce qui s'est passé dans les pays germaniques entre la chute de Guillaume II et la signature de la paix, le mouvement de centralisation qui a suivi la chute des dynasties : tout a été prétexte à persister dans l'abstention. On a refusé de prendre au sérieux, quand on ne les a pas découragées, les tentatives de république rhénane et c'est tout juste si leurs promoteurs n'ont pas été tournés en ridicule. Comme si les précurseurs, tant qu'ils n'ont pas réussi, n'étaient pas toujours un peu ridicules ! Un fort honnête homme, alors haut placé, très bon patriote, animé des intentions les meilleures, à qui nous parlions du docteur Dorten et de l'inquiétude qu'il donnait aux autorités prussiennes, nous répondait que c'était très intéressant, mais qu'il ne fallait pas oublier que l'unité des nations se resserre, et se trempe par la défaite et par le malheur. Ces raisons ont été déterminantes. On subissait l'analogie de l'histoire de France et la doctrine de l'évolution, cette évolution uniforme qui doit pousser tous les peuples, toutes les races, par les mêmes voies, à la concentration. C'est à peu près comme si l'on disait que l'évolution doit conduire la langue allemande à devenir analytique au lieu d'être synthétique, à renoncer aux mots composés et à ne plus rejeter à la fin des phrases les participes et les infinitifs.

Ainsi a été conservée l'unité allemande. A Versailles, où elle avait vu le jour en 1871, elle a été consacrée par les Alliés sous la présidence d'un Français et la paix a été signée avec « l'Allemagne d'autre part ». Cela ne veut pas dire que l'unité allemande reste à l'abri des accidents; nous avons même vu le séparatisme renaître sous des formes nouvelles et encore timides à mesure que l'Allemagne réagissait contre le socialisme et la révolution. Rien n'est fini peut-être, et la fragilité de la paix laisse entrevoir plus d'une possibilité de bouleversements dans l'Europe centrale. Ces bouleversements ne nous seront pas nécessairement favorables et ils nous exposeront à de nouveaux dangers, ils exigeront de nous de nouveaux efforts. Un rendez-vous à une autre fois est probablement donné à l'Allemagne et à la France. Cette fois-là, il faudra que la politique française ne soit plus desservie par ses idées.

CHAPITRE IV

SOIXANTE MILLIONS D'ALLEMANDS DÉBITEURS DE QUARANTE MILLIONS DE FRANÇAIS

Le budget militaire de la France pour l'année 1920 égale à lui seul l'ensemble de toutes nos dépenses pour les exercices antérieurs à 1914, soit environ cinq milliards. Quant à la nouvelle constitution de l'armée, le ministre de la Guerre n'a pu promettre mieux qu'un retour au service de deux ans. Tous les hommes valides resteront mobilisables jusqu'à la cinquantaine. Pourquoi, l'Allemagne étant battue, cette lourde charge, ce dur effort ? Parce que, selon les paroles du ministre, M. André Lefèvre, « l'Allemagne n'accepte pas sa défaite ». Mais pourquoi ne l'accepte-t-elle pas ? Pourquoi l'idée d'une revanche allemande est-elle si peu absurde que nous soyons obligés de revenir au régime de la paix armée ? Quelles sont donc les forces et les influences qui vont déterminer la nature des rapports dans lesquels la France et l'Allemagne vivront à l'avenir ?

Au point de vue purement humain, il est

normal et naturel qu'une guerre décisive, surtout quand elle a été une guerre de peuple à
peuple, laisse au vaincu du ressentiment contre
le vainqueur, tandis que le vainqueur, satisfait,
ne comprend pas que le vaincu lui garde rancune. Telle a été, grossièrement résumée, l'histoire des relations franco-allemandes de 1871 à
1914. Cette histoire a été, si l'on veut, celle d'un
énorme malentendu, mais d'un malentendu qui
était fatal de la part des Allemands. Elle s'est
terminée d'une manière qui, dans la suite des
siècles, enchantera également les moralistes
vertueux et les moralistes railleurs. Les vainqueurs de Sedan ont, d'eux-mêmes, remis en
question leur victoire. Bismarck leur avait pourtant assez répété de sages conseils qu'il résu-
mait par le précepte : *Quieta non movere.* A
défaut de Bismarck, le bon sens indiquait (et
c'est ce qui empêchait certains Français de croire
à la possibilité de la guerre) que l'Allemagne
devait éviter de casser quoi que ce fût dans une
Europe formée à sa convenance, d'attenter à un
état de choses dont elle était l'unique bénéficiaire, et au maintien duquel elle était la plus
intéressée. L'Empire allemand aurait dû être
conservateur. C'est lui qui s'est chargé de tout
renverser. A quoi cette formidable erreur a-
t-elle tenu ?

Les Allemands vantent la méthode objective.
C'est sans doute parce qu'ils sont les plus sub-
jectifs des hommes. On peut dire que, de la
paix de Francfort à la déclaration de la grande

guerre, l'attitude de l'Allemagne vis-à-vis de la France a été un cas d'inintelligence remarquable. Du commencement à la fin, elle s'est trompée sur le peuple français. Munis d'un service de renseignements perfectionné, les Allemands n'oubliaient de regarder qu'une chose : celle que tout le monde pouvait voir sans espions. Un de leurs plus célèbres caricaturistes a laissé, il y a déjà longtemps, ce portrait du « psychologue ». Sur la route, le psychologue passe. Dans le jardin d'une maison de campagne, une famille est réunie et, ce qu'elle fait, tout le monde le voit du dehors. Mais le psychologue s'approche, il colle son œil au trou de la serrure et il observe studieusement.

C'est à peu près ainsi que les Allemands avaient étudié la nation française et ils n'avaient pas aperçu ce que nul n'ignorait. Bismarck, puis Guillaume II avaient plusieurs fois cherché à gagner l'amitié de la France. Ils l'avaient d'ailleurs cherché sans adresse, d'une main brutale, la douche froide alternant avec la douche chaude. Comme dans la chanson, ils semblaient toujours dire : « Si je t'aime, prends garde à toi ». Et puis, leurs avances avaient une arrière-pensée qui était d'enrôler la France au service de la politique allemande. Lorsque Bismarck favorisait nos entreprises coloniales, c'était avec le dessein de mettre en conflit la France et l'Italie, la France et l'Angleterre. La diplomatie française, et, mieux encore, la nation française, avec un instinct juste, perçait aisément ces calculs. La

France restait polie et insensible. Alors l'Allemand dépité menaçait, justifiant notre réserve, provoquant lui-même nos précautions de légitime défense. Pendant quarante-quatre ans, l'Allemagne a commis erreur sur erreur dans ses rapports avec la France parce qu'elle tenait pour inexistante la question d'Alsace-Lorraine et la question de notre sécurité. Ces questions, que le monde entier connaissait, l'Allemagne ne se les posait même pas. Elle fondait sa politique sur la négation de ces réalités. Conserver des provinces françaises conquises contre le vœu de leurs habitants était pour elle l'exercice d'un droit naturel. S'armer sans cesse de manière à pouvoir à tout moment envahir ses voisines, c'était l'exercice d'un autre droit. Voilà les conditions dans lesquelles la France a réussi, pendant près d'un demi-siècle, à force de modération et de dignité, à vivre en paix avec la puissante Allemagne, sans aliéner son indépendance vis-à-vis d'elle. Durant cette période, les relations franco-allemandes n'ont pas été faites d'autre chose jusqu'à ce qu'elles fussent rompues par la volonté de l'Allemagne elle-même.

Mille ans d'histoire avaient vu déjà bien des changements, bien des retournements de situation entre l'Empire germanique et la France. La période 1871-1914 a vu s'accomplir une expérience toute particulière. La France et l'Allemagne avaient achevé leur unité. Mais l'unité de la France était purement nationale, sans un protestataire. L'unité allemande comprenait des Français, des Polonais, des Danois, annexés par la force. De plus, l'Allemagne, jadis « République de princes », était devenue une monarchie militaire. La France était une démocratie pacifique. Entre cette Allemagne et cette France ainsi constituées, il n'y avait ni proportion, ni équilibre, ni moyen de vivre autrement que sous le régime de la paix armée. Cette expérience a été courte relativement à la longueur des siècles. Elle a été concluante. L'Allemagne s'est chargée de la démonstration. Elle-même s'est ruée dans la guerre. L'état de choses que la France et l'Europe subissaient, l'Allemagne, qui en recueillait les bénéfices, a été la première à le rendre caduc.

Ce coup d'œil en arrière était indispensable pour éclairer l'avenir. Quelle que soit l'immensité des événements (et il ne peut y en avoir qui dépassent ceux de la guerre universelle), il existe toujours un lien entre la situation qui suit un bouleversement politique et celle qui l'a précédé. La continuité, loi banale de l'histoire et qui apparaît à travers les plus vastes révolutions, s'expliquerait par le seul fait que les hommes qui assistent aux plus grands changements ou qui les conduisent, ont vécu, ont formé leurs habitudes et leurs idées sous le régime antérieur. Les choses évoluent plus ou moins lentement, mais il est contraire à la nature qu'elles marchent par bonds. Les générations se pénètrent trop intimement, il y a, des vieillards aux jeunes hommes, trop de degrés pour que des sauts brusques, des métamorphoses complètes soient possibles. A cela s'ajoute ce qui ne change pas, c'est-à-dire les lois imposées aux peuples par leurs conditions géographiques et politiques, leurs intérêts et leur caractère. Les événements qui se sont accomplis de 1914 à 1918 ont beau, par leurs proportions, avoir l'air d'échapper aux règles ordinaires, ils ont beau ressembler à une de ces catastrophes qui font table rase, ils ont eux-mêmes subi des antécédents historiques. Ils ont obéi à la loi commune. De la guerre à la paix, leur cours a dépendu sans doute pour une large part de la volonté des peuples (liée elle-même à leur hérédité), mais aussi, et pour une autre part, il a été déterminé par des forces étrangères à cette volonté. Pour ne citer qu'un exemple, M. Clemenceau, chef du gouvernement français pendant la dernière partie de la lutte, chef de la délégation française pendant la préparation du traité, n'était-il pas, dans l'Assemblée de 1871, de ces députés républicains qui voulaient, avec Gambetta, la guerre à outrance ? N'était-il pas entré dans la vie politique, avant la chute du second Empire, comme républicain, c'est-à-dire avec l'idéalisme romantique de son parti, attaché au principe des nationalités, à la fraternité des peuples, au désarmement, à l'illusion de la fin des guerres ? M. Clemenceau appartient à une génération qu'on pourrait nommer celle de l'Exposition de 1867. En lui se rencontrent la plupart des courants du

dix-neuvième siècle et il a eu sa plus grande
période d'activité au vingtième. Ce cas suffit à
montrer combien le passé a tenu de place dans
ce conflit qui apparaît comme une révolution et
un renouvellement de la face des choses. En ce
qui concerne la France et l'Allemagne, la guerre
ayant fini par notre victoire, la paix étant con-
clue, que reste-t-il de ce passé ? Quels sont les
éléments nouveaux ? Ici, pour ne pas nous
égarer, il est nécessaire de remonter un peu
plus haut dans le temps.

*
* *

Vue d'ensemble, à très larges traits, l'histoire des rapports de la nation française et de
la nation germanique peut se résumer ainsi : il
y a eu antagonisme, conflit violent, chaque fois
que l'Allemagne a été une grande construction
politique, que ce fût l'Allemagne d'Othon (Bou-
vines), de Charles-Quint (deux cents ans de
lutte contre la maison d'Autriche) ou des Hohenzollern, avec toutes les différences que le régime
des Othon, des Charles ou des Guillaume com-
portait. Au contraire, chaque fois que l'Allemagne a été formée de plusieurs États indépendants, n'ayant entre eux que les liens peu
tendus d'une fédération plus ou moins cohé-
rente, non seulement les guerres ont été rares,
localisées et dépourvues de ce caractère national
qui les rend impitoyables, mais encore les
divers peuples allemands se sont montrés ac-

cessibles à la civilisation française. On ne peut citer aucune époque où l'empreinte germanique se soit marquée profondément sur la France. Il y a eu, au contraire, une époque où la France a trouvé en Allemagne des admirateurs, des alliés et des amis : c'est au dix-septième et au dix-huitième siècle, lorsque l'Empire, selon le mot du prince de Bülow, était une « mosaïque dis-jointe », au lieu de constituer un corps de nation.

L'expérience a donc prouvé que les deux peuples n'étaient pas impénétrables ni con-damnés à une hostilité éternelle. Mais, jusqu'ici, cette entente entre Allemands et Français n'a pu être obtenue qu'à une condition : c'est que l'Allemagne fût décomposée en ses éléments naturels, qu'elle ne formât pas un seul État centralisé, en possession d'une puissance poli-tique génératrice de la puissance militaire et qui appelle elle-même cette puissance militaire. Un État allemand, étant donné la place que l'Allemagne occupe au centre de l'Europe, sans frontières déterminées, avec des territoires con-testés sur tout son pourtour, des prolongements et des îlots germaniques qui créent un irréden-tisme déclaré ou latent aussitôt qu'existe l'unité allemande, centre d'aimantation, cet État-là exige et postule le militarisme. Que ce soit celui des chevaliers de l'Ordre teutonique ou celui de la Reichswehr, c'est tout un. Le ger-manisme a inventé le militarisme parce que le germanisme a besoin d'une grande force militaire dès qu'il est l'expression d'un État, c'est-à-dire d'une puissance politique. Qu, ce qui revient au même, le germanisme est alors persuadé qu'il a besoin du militarisme pour exister, pour protéger ses « marches » mélangées de races diverses. De la défense passer à l'agression, il n'y a qu'un pas : les motifs sont les mêmes. La possession d'un bon instrument militaire donne fatalement l'envie de s'en servir. Voilà ce qui a fait que la sécurité de la France et le repos de l'Europe, dans les temps anciens et modernes, ont été incompatibles avec une forte organisation politique allemande, que le siège en fût à Vienne ou à Berlin. Ce n'est pas seulement l'histoire de la France, c'est celle de la Pologne et de la Bohême qui conduit aux mêmes conclusions.

N'y a-t-il donc ni moyen ni espoir qu'une Allemagne, enfermée dans ses justes limites, ayant réalisé son unité nationale comme la France avait réalisé la sienne, vive en harmonie avec ses voisins? Ayant obtenu son droit, tout son droit, mais rien que son droit, ne pourrait-elle devenir un membre pacifique de la famille européenne? Admettons qu'à cet égard elle ait de son droit la même conception que les autres peuples. Nous voilà dans la pleine tradition politique du libéralisme. Nous voilà au principe des nationalités, à l'hypothèse qui a mis aux prises, dans la France du siècle dernier, la diplomatie spéculative représentée par Napoléon III et la diplomatie expérimentale représentée par Thiers.

De Michelet à Jean Jaurès, une école ininterrompue a enseigné chez nous qu'une Allemagne dont les aspirations nationales seraient à la fois satisfaites et contenues dans leurs justes limites devrait vivre non seulement en bon voisinage, mais en amitié avec la France, cette grande Allemagne étant nécessaire à l'harmonie morale du monde. « Dieu nous donne, disait Michelet [1], de voir une grande Allemagne !... Le concile européen reste incomplet, inharmonique, sujet aux fantaisies cruelles, aux guerres impies des rois, tant que ces hauts génies de peuples n'y siègent pas dans leur majesté, n'ajoutent pas un nouvel élément de sagesse et de paix au fraternel équilibre du monde. » Qu'a-t-il manqué à ce rêve ? Michelet a vécu assez pour le voir. En février 1871, il écrivait sous le coup de la désillusion : « Pour nous, nous avions toujours désiré l'unité de l'Allemagne, l'unité vraie, consentie, non cette unité sauvage, violente, indignement forcée ». Et il rappelait, pour comparer ses sentiments d'alors à ceux de la veille, son émotion, l'émotion de Paris républicain « quand, à la fête du 4 mars 1848, nous vîmes devant la Madeleine, parmi les drapeaux des nations, qu'apportaient les députations d'exilés de chaque pays, le grand drapeau de l'Allemagne, si noble, noir, rouge et or, le saint drapeau de Luther, Kant et Fichte, Schiller, Beethoven... » Ce drapeau noir, rouge et or, c'est celui qu'a

---

[1] Dans son livre Nos fils dont la préface est datée d'octobre 1869

relevé la nouvelle République allemande. Le vœu de Michelet serait-il accompli ?

Mais les événements ne suivent jamais la voie qu'on leur assigne, surtout quand on veut que les choses soient autrement qu'elles ne sont, ce qui, disait Bossuet, est « le plus grand dérèglement de l'esprit ». Après Michelet, Jaurès a répété que si l'unité allemande avait été créée pacifiquement, par le libéralisme et par la démocratie, alors une grande France et une grande Allemagne eussent été naturellement amies... Peu de paroles ont pu être aussi vaines que celles-là. Car nous ne savons qu'une chose, mais elle est certaine, c'est que l'unité allemande, tentée en 1848 par les idées du libéralisme et la démocratie, avait échoué et qu'elle a réussi en 1866 et en 1870 par Bismarck et par les Hohenzollern, par la diplomatie et par la guerre, par la force et par la conquête, par le fer et par le feu. Aucun regret, aucune hypothèse, aucune prophétie du passé, aucune « uchronie » ne changeront rien à ce fait. Ce qui a été a été. Sous sa première forme, sa forme originelle et la seule qui ait existé, l'unité allemande, conquérante et victorieuse, ne pouvait être suivie d'une amitié entre l'Allemagne et la France.

Mais, en 1919, l'unité allemande a survécu à la défaite, à la chute des Hohenzollern et au traité de Versailles. Non seulement les Alliés l'ont respectée, mais encore ils l'ont consacrée de leur sceau, ils lui ont donné la base juridique internationale qui lui manquait depuis 1871. Les constituants de Weimar se sont chargés du reste. Ils ont resserré l'unité nationale. L'empire de Guillaume II était, malgré tout, une fédération d'États. L'Empire républicain s'est centralisé et ne connaît que des « pays ». Cette Allemagne plus unie que celle d'hier, c'est encore par la guerre, malheureuse cette fois, qu'elle a réalisé sa fusion. Et ce nouveau déterminisme, celui de la défaite, pèse sur elle et sur l'avenir des relations franco-allemandes exactement comme le déterminisme de sa victoire après 1871.

A la tribune du Palais-Bourbon, pendant la discussion du traité de paix, nous avons entendu s'exprimer la pensée de Michelet, de Napoléon III et de Jaurès. On nous a dit que l'Allemagne, délivrée de ses Hohenzollern, convertie à la démocratie et au libéralisme, pouvait et devait être encore une grande Allemagne, que son unité était nécessaire, qu'elle serait bienfaisante, et que cette Allemagne nouvelle, purifiée, amputée, pour son bien, de tout ce qui n'était pas allemand, vivrait en fraternité avec les peuples ses voisins. C'est la pure doctrine des nationalités, au regard de laquelle la nationalité allemande a autant de droits que les autres et doit, avec les autres et comme les autres, former la grande fédération humaine.

Après un sommeil de cinquante années, le principe des nationalités, inscrit sur les étendards des Alliés, a été appliqué avec toute la ri-

gueur dont étaient capables les réalités humaines
et l'esprit théorique des principaux négociateurs.
Mais, comme en 1866 et en 1870, le principe
des nationalités n'a pu jouer sans subir les nécessités et la pression de la politique, de la
guerre et de l'histoire. Comme alors, il s'est
résolu par des contradictions. Il a laissé des
déceptions et des rancunes. Cela est vrai de
quelques-uns des pays alliés. A quel point ne
l'est-ce pas plus encore de l'Allemagne ! On
dirait qu'un sort est jeté sur l'unité allemande
pour la rendre incompatible avec la réconcilia-
tion de l'Europe.

Si l'unité allemande telle qu'elle était sortie
des victoires de 1866 et de 1870 n'a pu être un
gage de fraternité et de paix, l'unité allemande,
telle qu'elle sort de la défaite, ne promet pas
mieux. Encore une fois, les antécédents l'auront
voulu. Nous admettons, pour la commodité de
l'exposition, que l'Allemagne restera républicaine et qu'elle sera une démocratie selon le
mode et la conception des nations occidentales.
Cette Allemagne démocratique, elle a à payer
aux Alliés les frais de la guerre, à réparer les
dommages immenses dont elle s'est rendue responsable. Pouvait-on l'en dispenser ? Non, sous
peine de ruine pour les peuples victimes de
son agression. A tous les points de vue, l'impu-
nité eût été impossible. Elle eût été un scandale,
une prime à l'immoralité politique, un encoura-
gement à recommencer. Il résulte de là que

soixante millions d'Allemands [1] formant un seul État, ayant derrière eux un grand passé, sont condamnés à payer une redevance dont le règlement s'étendra sur deux générations au moins. Juste et même insuffisante pour nous, cette redevance est ressentie comme exorbitante et inique par l'Allemagne. A mesure que s'éloigneront les souvenirs de la guerre et l'impression de la défaite, la force de ce sentiment croîtra. Nul n'y peut rien. Une autre fatalité l'a voulu. Insensés seraient les Français qui compteraient sur l'amitié du peuple allemand devenu leur débiteur, qui compteraient même, chez le vaincu, sans le désir naturel de déchirer un traité qui l'obligera à travailler trente ou cinquante ans pour acquitter sa dette. Il faudrait, pour le contenter, qu'elle fût réduite à zéro. Alors c'est nous qui souffririons, qui serions ruinés, qui prendrions la place des vaincus. Et l'Allemagne, disposant de ses ressources, en profiterait pour annuler les autres clauses du traité. C'est un cercle vicieux.

A ces soixante millions d'hommes, citoyens d'un même pays, il n'a pas fallu seulement imposer le tribut. Il a fallu encore prendre contre eux des précautions légitimes et indispensables. Il a fallu fixer le nombre de soldats et de canons qu'ils auraient le droit de conserver et, par conséquent, limiter le droit de souveraineté de

[1]. « Douze à quinze de trop pour le territoire », disait Arthur Heichen dans la *Neue Zeit* du 3 octobre : quelques mots qui ouvrent d'étranges horizons.

l'État allemand. Ce n'est pas tout. Des frontières nouvelles ont été dessinées, et ces frontières, auxquelles l'Allemagne se résignerait peut-être à l'Ouest, ce serait miracle qu'elle consentît bien longtemps à les regarder comme définitives du côté de l'Est. Là, ses conquêtes sur la Pologne lui ont été reprises, et la Prusse, qui conserve ailleurs l'assiette territoriale que Bismarck lui avait donnée en 1866, est ramenée au point où elle se trouvait avant Frédéric II. Kœnigsberg, comme au dix-huitième siècle, est séparé de Berlin. C'est sur son flanc oriental que l'Allemagne a dû restituer le plus de ses biens mal acquis et c'est là qu'elle est encore la plus forte, en face de pays jeunes et à peine formés, à l'endroit où les grandes nations occidentales n'ont pas sur elle de prise directe. La vieille Prusse est coupée en deux, comme au temps où l'Empire germanique était au régime de la *Kleinstaaterei*, du particularisme et des petits États. Même alors, la Prusse n'avait eu de cesse que ses deux tronçons fussent réunis. Aujourd'hui, la *Kleinstaaterei* n'existe plus, et ce n'est plus seulement l'État prussien, c'est toute l'Allemagne, concentrée dans ses autres parties, qui aspirera naturellement à rétablir la soudure entre les deux Prusses. Par là un appel est lancé à l'avenir, aurait dit Frédéric. C'est, à notre sens, un des plus gros vices de la paix. Pour ressusciter la Pologne, il fallait tailler à même l'Allemagne. Mais, pour que la Pologne, et par conséquent tout l'édifice européen construit par la Conférence, fût en sécurité, il n'aurait pas fallu que l'opération fût tentée sur *une* nation allemande ni sur *un* État allemand. Imaginons un instant que la France ait été vaincue et que, pour des raisons quelconques, le vainqueur ait jugé bon de donner à l'Espagne un couloir aboutissant à Bordeaux en nous laissant le département des Basses-Pyrénées et Bayonne. Combien de temps la France, restée par ailleurs une nation et un État, subirait-elle cette amputation ? Juste autant que le vainqueur l'obligerait à la subir et que l'Espagne serait capable de défendre son couloir. Il ne pourra pas en être autrement du couloir de Dantzig et de la Prusse orientale.

Il en est de même en ce qui concerne l'Autriche. Là logique du principe des nationalités eût voulu que les provinces autrichiennes de langue allemande, les provinces autrichiennes proprement dites, fissent retour à la grande Germanie. N'étaient-elles pas représentées en 1848 au Parlement de Francfort ? La réunion n'était-elle pas inscrite au plus ancien programme du libéralisme allemand ? L'évolution particulière de l'Autriche, hors des cadres de l'Empire restauré en 1871, avait tenu à une question dynastique. La maison de Habsbourg étant tombée comme celle de Hohenzollern, l'Allemagne étant devenue une nationalité libre, la réunion, l'*Anschluss* ne trouvait plus d'obstacles politiques et s'imposait aux esprits. Cependant les Alliés ne pouvaient ni ne devaient y consentir. Admettre que l'Allemagne annexât l'Autriche, même par une « conquête morale », c'eût été encore lui reconnaître le droit de conquête. C'eût été la compenser territorialement de ce qu'elle perdait ailleurs, la favoriser au jeu de qui perd gagne, réaliser, au nom des principes de Wilson, le *Mitteleuropa* conçu par les pangermanistes. La réunion est et reste prohibée. Mais, comme pour la Pologne, la contradiction surgit avec les mêmes caractères. Elle réside dans les faits et dans les conséquences encore plus que dans les idées. Cette Allemagne à qui il est défendu, justement défendu, pour des raisons d'intérêt européen, de compléter son unité par l'*Anschluss*, elle garde d'autre part cette unité, inachevée à ses yeux. Elle reste un centre d'attraction puissant pour la petite République de Vienne. L'accessoire est séparé du principal. Et l'accessoire est sans défense, réduit à une vie misérable et précaire. L'Empire austro-hongrois était encore assez vigoureux pour tenir une dizaine de millions d'Allemands en dehors de la communauté germanique. A portée de sa main, l'Allemagne a désormais ces millions de frères pauvres et nus, réduits à une situation politique et géographique paradoxale. Là encore, pour 60 millions d'Allemands, la tentation est trop forte. L'appel à l'avenir est trop évident. Ils ne nous le diraient pas qu'il serait encore certain qu'à leurs yeux, ces frontières du Sud comme celles de l'Est sont provisoires. De même que la Pologne affranchie, de même qu'un État tchéco-slovaque bourré d'Allemands, l'Autriche indépendante, pour durer sans péril, supposait en Allemagne des États allemands indépendants.

*
* *

Telles sont les conditions dans lesquelles l'Europe fait, pour la seconde fois depuis 1871, l'expérience de l'unité allemande. Au point de vue de la politique et de la psychologie, ces conditions sont mauvaises.

A moins d'un acte de foi (qui ne peut se donner rationnellement) dans l'influence bienfaisante de la démocratie, à moins de croire sans examen que l'Allemagne nouvelle, touchée de la grâce, se convertira à l'idée qu'elle est une grande coupable, une grande pécheresse, qu'elle a mérité son sort et qu'elle expie justement, à moins, pour tout dire, qu'un coup de baguette magique ait changé non seulement la nature allemande, mais la nature humaine et la nature des choses, à moins de cela, toutes les vraisemblances (et le devoir de la politique est d'en tenir compte) sont pour que l'Allemagne ressente et ressente de plus en plus comme insupportable le traité du 28 juin. Toutes les vraisemblances sont pour qu'elle prenne à tâche de s'en délivrer et de le détruire, avec les moyens qui peuvent rester à un peuple de 60 millions d'hommes pour briser ses chaînes. Il suffit de se souvenir des sentiments qu'avaient inspirés en France les traités de 1815 et qui ont gouverné notre politique intérieure et extérieure depuis la chute de Napoléon Ier jusqu'à l'avènement de Napoléon III.

L'Allemagne actuelle pourrait ne pas protester contre le traité de Versailles, en exécuter les clauses avec bonne volonté et d'un cœur contrit que notre avis resterait le même. Cette bonne volonté, cette contrition n'existent pas. Peu importe. Peu importent également les protestations que le gouvernement de Berlin et l'opinion publique ont multipliées contre la paix. Peu importe encore que ces protestations aient été sincères ou qu'elles aient été de circonstance. Un peuple vaincu a plus de vingt-quatre heures pour maudire ses juges. Ce que nous examinons, et la seule chose, en vérité, que la politique doive retenir, c'est une situation prise en elle-même. C'est un problème de forces et de mécanique.

Les forces ne sont pas ajustées de telle manière que les conditions nécessaires à une pacification profonde soient remplies. Celles d'une conciliation entre la France et l'Allemagne ne le sont pas non plus. Les Français ne peuvent pas renoncer à leur créance. Les Allemands jugent le tribut exorbitant et n'en reconnaissent pas le bien-fondé. Où peut être le terrain d'entente ? Il est en outre extrêmement peu croyable que l'Allemagne accepte comme définitives les frontières qui lui ont été fixées à l'Est et au Sud. Comment, du côté français, se reposer sur la confiance que les compétitions politiques sont finies ?

L'obstacle à la naissance de rapports amicaux entre les deux peuples ne tient pas tant aux cruels souvenirs et aux ressentiments de la guerre qu'aux dispositions du traité de paix. Le Français n'est pas vindicatif. Il est éminemment sociable. C'est même un des traits de son caractère d'aimer à être aimé et d'être douloureusement surpris quand il s'aperçoit qu'il ne l'est pas. Pendant de très longues années, aux temps anciens, les Français et un grand nombre d'Allemands ont vécu, comme nous l'avons rappelé plus haut, dans une cordialité et une amitié complètes, au point qu'ils combattaient souvent ensemble sous les mêmes drapeaux. Le nom du maréchal de Saxe, célèbre par l'histoire et la littérature, illustre cette époque. Il n'y a donc pas incompatibilité d'humeur, hostilité de principe entre Français et Allemands. Pour qu'ils vivent en bon voisinage il suffit (mais il faut) que les conditions politiques nécessaires à cette compénétration aient recommencé à exister.

Malheureusement, elles n'existent pas. Par quel endroit veut-on que la France prenne le bloc allemand ? L'influence morale de l'étranger glisse fatalement sur un peuple nombreux, uni par un lien national solide. Un Kurt Eisner, un Dorten se sont montrés accessibles à des sentiments de sympathie à notre égard. Ils ont été dénoncés comme des traîtres à la patrie allemande. Kurt Eisner a même été assassiné. Dorten a failli l'être. Ce n'est pas ce qui encouragera les autres.

Alors que nous reste-t-il à faire ? Ce que nous faisons : prendre nos précautions, nous tenir sur nos gardes, nous souvenir de nous méfier. Par une injustice monstrueuse, on reproche à la France cet état d'esprit. Il est créé et légitimé par les conditions de la paix. Ceux qui accusent la France de « militarisme » oublient que, depuis deux ou trois générations, nous subissons le harnois militaire, que nous ne l'avons jamais désiré et qu'une mauvaise organisation de l'Europe nous l'impose encore. Aucun homme raisonnable n'a jamais conçu comme une chose bonne et souhaitable que les Français et les Allemands dussent, dans la suite des siècles, continuer à se regarder comme chien et chat. Mais il en sera ainsi tant que les circonstances propices à une conciliation n'auront pas apparu. Et ces circonstances ne peuvent pas se trouver tant que l'Empire allemand demeure tel qu'il est. La France et l'Allemagne restent condamnées à l'antagonisme. Ce n'est pas une question morale. C'est une question politique. Exactement comme le traité de Francfort, le traité de Versailles l'a posée.

CHAPITRE V

ILS IGNORERONT

Ici, demandons une pause au milieu des déductions, un moment pour méditer sur les destins. Notre sort est engagé pour plusieurs générations. De nouvelles tribulations commencent. Combien l'ont vu? Combien s'en doutent? Pourquoi ces choses et non d'autres? A des sommes prodigieuses de dévouement et de sacrifice répondent des abîmes d'ignorance. Grand est le nombre des hommes qui subissent, qui vivent, souffrent et meurent sans avoir interrogé. Petit le nombre de ceux qui cherchent à déchiffrer les causes pour lesquelles ils payent jusque dans leur chair.

Par Macbeth mourant, Shakespeare adresse au monde son adieu et son mépris : « Une fable contée par un fou, avec un grand fracas de mots et de gestes, et qui ne signifie rien ». Voltaire a vu les hommes s'agiter. Il a écrit les annales de dix peuples. Il désespère d'expliquer. Il refuse d'encourager les politiques et les historiens : « Le gros du genre humain a été et sera toujours imbécile ; les plus insensés sont ceux qui ont voulu trouver un sens à ces fables absurdes et mettre de la raison dans la folie ». Shakespeare et Voltaire se rencontrent dans le dédain et dans la pitié. Rien n'instruit et rien n'améliore. L'expérience des pères est perdue pour les enfants. L'humanité tourne dans un cercle de douleurs. Devant ce vain théâtre, qui recommence sans cesse, les prophètes d'Israël s'étaient voilé la face : les peuples travaillent pour le néant, s'exténuent au profit du feu.

Il faut se délecter dans ce pessimisme ou en secouer la lourde chape. On peut conclure à l'indifférence, à l'inutilité de tout. C'est bien si, pour son compte, on est résolu à endurer les suites de la sottise en se consolant de ce qu'on souffre par l'âcre plaisir que procure le spectacle de l'universelle insanité. Mais le moins forcené, le plus désabusé des juifs l'avait déjà dit : nous aurons les conséquences. Et nous les aurons tous. Elles viendront chercher l'ironiste et le philosophe. On ne sépare pas son sort de celui des nations. Ou bien on ne l'en sépare qu'à la condition de renoncer à soi-même pour se moquer du genre humain.

Un jour, chez nous, la guerre a requis l'homme penché sur la glèbe, le bourgeois économe et prudent, le spéculatif désintéressé et la grande masse de ceux qui pensent qu'après tout, en tout temps et sous n'importe quel régime, on fait fortune et on organise librement sa vie. L'existence du plus grand nombre était fondée

sur des calculs qui supposaient une longue
stabilité. Ceux qui prédisaient des catastrophes
n'avaient pas d'auditoire ou ne rencontraient
que des incrédules. Encore personne n'eût osé
annoncer la moitié de ce que nous avons vu.
L'homme extraordinairement perspicace qui
eût seulement approché la réalité eût passé
pour un fou. Il était admis que chacun dispose
de soi-même et que les peuples sont les maîtres
de leurs destinées : cent causes ont disposé
d'eux, causes lointaines, obscures, inaccessibles
à la foule, si multiples, si mêlées qu'elles res-
semblent à ce qu'on appelle, faute de mieux,
le hasard. Cent causes, qui échappent de même
à la foule, sont toutes prêtes à en disposer
encore.

Après cet immense bouleversement, une
seule chose reste intacte : le tête-à-tête du
peuple français et du peuple allemand. Les
rôles sont renversés. Le vainqueur est devenu
le vaincu. La revanche n'est plus à prendre du
même côté. Mais, cette fois, le vaincu aura des
raisons de la prendre que nous n'avions pas. Il
aura des occasions que nous n'avons pas eues.
Soixante millions d'Allemands sont devenus nos
tributaires dans une Europe où, depuis 1914,
la guerre n'a pas cessé et ne s'éteint sur un
point que pour se rallumer sur un point différent. La paix est montée comme une mécanique
homicide. Et la même question obsède l'esprit.
Pourquoi ces choses et non d'autres ? Pourquoi
cette paix et non une autre paix ?

En 1917, la fin, une meilleure fin, eût été possible. Quiconque avait le sens de la politique songeait à la dislocation de la coalition ennemie. Le roi d'Espagne ne se bornait pas à la conseiller. Il s'offrait pour l'entreprendre. Incapacité, frivolité, inexpérience, préjugé : il y eut de tout. Le fil tendu ne fut pas saisi. La vie de milliers de Français tués depuis cette date et l'avenir de ceux qui restent ont tenu à une maladresse qui ne peut plus être réparée.

Enfin l'ennemi s'agenouille. Des heures, des jours au plus sont donnés aux vainqueurs pour profiter de la victoire. Hésitations, incertitudes. L'armée allemande, avec ses armes, repasse le Rhin. Tandis que la foule insouciante se réjouit, pousse un grand « ouf », soulagée du poids de la guerre, des moments uniques s'enfuient sans retour.

Et plus tard encore, il arriva une chose fantastique. Quelques hommes s'étaient réunis pour établir la paix. Leur pouvoir était immense, tel qu'on n'en avait jamais vu. Ils disposaient de l'humanité. Ils créaient à leur gré ou renversaient des États. Et le plus puissant de ces hommes pareils à des dieux, celui qui était obéi parce qu'il semblait parler au nom de cent millions d'individus, il était, à ce moment même, désavoué par son Sénat souverain. Et non seulement son autorité était factice, mais peut-être déjà ne gouvernait-il plus tout à fait son esprit. Rentré dans sa capitale, le dictateur s'abattit. On craignit pour sa raison. « Est-ce là cet homme qui ébranla la terre, qui fit tomber les empires? » Six mois plus tôt, cette hémiplégie eût changé la physionomie et l'avenir du monde. Cette prodigieuse histoire se trouve mêlée à notre histoire nationale. Il n'y a rien d'aussi cruel dans *Candide* et dans *Gulliver*.

Le Français qui ne verrait que la dérision de ces choses n'aurait ni enfants, ni frères, ni amis. Toutes ses fibres seraient séchées. Déjà, en 1914, un nihiliste excité par la volupté des ruines, ou encore un émigré stérile et méchant auraient pu goûter le comique nocturne de la nouvelle invasion, cette morale de la fable s'exerçant, pour la cinquième fois en trois âges d'homme, aux dépens de la démocratie. Et aujourd'hui encore, la démocratie est retombée dans ses anciennes erreurs, dans ses vieilles illusions. Quelles tentations pour l'ironie ! Mais il faudrait que le persifleur lui-même ne fût exposé à souffrir de l'événement ni dans sa personne ni dans ses intérêts. De nos jours, l'Ecclésiaste serait dans le cas d'être mobilisé jusqu'à cinquante ans : il y perdrait de sa sérénité d'esprit. Quant à Voltaire, il retiendrait sa plume pour ne pas être accusé d'insulter au malheur public.

Un jour, peut-être, l'heure de la raillerie transcendante viendra si les hommes retrouvent le loisir et l'humeur de railler. Tant d'espérances fauchées, de sacrifices à demi perdus, d'efforts à recommencer arracheraient plutôt des larmes à un grand poète patriote, à un Virgile si nous en avions un. A plus tard les lamentations, comme l'ironie qui sort de ces immenses gaspillages. Il faudra bien reprendre ce qui n'est pas achevé. Les chirurgiens de Versailles ont recousu le ventre de l'Europe sans avoir vidé l'abcès. Alors la France doit regarder en elle et autour d'elle. Après cette guerre et après cette paix, voilà les dangers dont elle reste entourée, ce qu'elle a encore à faire pour que sa victoire ne s'envole pas et pour qu'elle en garde autre chose que le rayon et le parfum. Dans cette vaste confusion, quelle politique peut-elle suivre? Quelles sont ses ressources et ses chances? La masse allemande jette encore son ombre sur nous. Au delà, dans la zone d'une confusion barbare ou presque barbare, qu'allons-nous trouver?

CHAPITRE VI

LE JEU DE TRENTE-DEUX CARTES

Ainsi, entre la France et l'Allemagne, notre victoire a renversé les situations sans que le dialogue tragique ait cessé. Et le tour que prendra ce dialogue déjà violent sera soumis à toutes les circonstances internes et externes. Comme avant 1914, ce qui se passera au dedans et au dehors des deux États agira sur leurs relations, qui resteront l'élément essentiel de la politique continentale et par rapport auxquelles s'ordonneront encore alliances, intérêts, rivalités et conflits. Une grande Allemagne seulement blessée, attachée par des liens qui sont fragiles et qu'elle supportera plus mal d'année en année, une grande Allemagne toujours poussée à nuire au pays qui, après avoir été pendant la guerre son principal ennemi, est devenu son créancier principal : voilà ce qui dominera, et de très haut, toute l'Europe.

Quelle Europe ? Sans doute la carte et la physionomie du vieux monde ont été renouvelées au point d'en être méconnaissables en quelques parties. Mais où ont eu lieu les plus sérieuses transformations? Sur les points où la France a toujours dû chercher un contrepoids à la puissance germanique. Par définition, un contrepoids ne s'obtient pas du même côté que soi. Nous sommes conduits à le chercher de l'autre côté de l'Allemagne. Pendant la guerre, la coalition occidentale, toute formidable qu'elle était, n'a pu refouler l'invasion allemande qu'après de très longs efforts, et, en 1914, sans la diversion russe, il est probable que la digue de l'Ouest eût été emportée. Or, il sera prudent de considérer que l'Angleterre, placée en marge du monde européen et au fléau de la balance, conçoit l'équilibre moins absolument que nous et non pas seulement par rapport à l'Allemagne. Nous ne pourrons pas compter sur une alliance positive et formelle, qui lui répugnait déjà avant 1914 et dont la raison d'être ne lui apparaît plus depuis que les forces navales et maritimes allemandes sont brisées. D'ailleurs, l'expérience de la guerre a montré la médiocrité des moyens militaires que le Royaume-Uni peut mettre en œuvre pour résister à un premier choc. La combinaison franco-belge est la seule sur laquelle nous puissions, à l'Ouest, nous reposer avec certitude. La France et la Belgique ne se suffiront pas encore. Une combinaison anglo-franco-belge elle-même aurait besoin d'un renfort à l'Est. C'est d'ailleurs dans cette pensée que le roi Édouard VII, après avoir rapproché l'Angleterre de la France, avait encore opéré un rapprochement anglo-russe, quoi qu'il en coûtât aux

Anglais de mettre leurs mains dans la main de la Russie. Ce travail diplomatique, qui paraissait devoir réussir de lui-même, avait exigé beaucoup de soins et de peines. Et la situation de l'Europe était simple et claire auprès de ce qu'elle est aujourd'hui. Pour trouver le concours sérieux, efficace, de peuples capables de prendre l'Allemagne à revers, nous aurons plus d'une expérience à faire. Et d'abord où nous adresser? Qui voudra être le contrepoids? Quel sera le contrepoids sérieux?

A cet égard, on peut dire que notre politique, au cours des âges, a épuisé la série des combinaisons possibles sans oublier la meilleure de toutes qui consistait à avoir, en Allemagne même, des auxiliaires contre la Maison d'Autriche ou contre l'État prussien : cette solution idéale est exclue par le maintien de l'unité allemande. Pour plus de garantie, en dehors de ces précieuses alliances germaniques, la France a eu tour à tour l'alliance des royaumes scandinaves (durant la guerre de Trente ans), l'alliance polonaise, l'alliance autrichienne, l'alliance russe. Enfin, en 1916, et pour la première fois, nous avons porté les yeux encore plus loin et sollicité la Roumanie. Chacune de ces alliances, dont plusieurs se sont répétées à de longs intervalles, a eu son histoire. Aucune n'a été éternelle. C'est qu'elles répondaient à un certain état de l'Europe et qu'elles n'ont pas tenu seulement à notre volonté et à notre habileté diplomatiques, encore moins à l'affection désintéressée que ces pays pouvaient avoir pour nous, mais à leur position et à leur politique, l'une et l'autre changeantes, soumises aux circonstances et à l'opportunité.

Faisons, d'après la carte actuelle, le tour des éléments anciens et nouveaux susceptibles d'être rassemblés. Pour les États scandinaves, la période de l'activité politique et militaire est close depuis longtemps. Il n'est pas impossible qu'elle renaisse par suite des modifications qui se sont produites dans les régions dites baltiques. Les signes de ce renouveau d'activité ne paraissent pas. Neutres pendant la guerre et ligués pour leur neutralité, les États scandinaves ont montré par leur adhésion prudente et conditionnelle au pacte de la Société des nations qu'ils entendaient se tenir à l'écart des conflits européens. Le Danemark lui-même, qui avait de sérieux griefs contre la Prusse, s'est gardé, jusqu'à la dernière minute, de la provoquer. En guise de réparations pour la violence de 1864, il se contente d'une seule zone du Slesvig pour laquelle il a même payé une indemnité afin d'être en règle avec l'Empire voisin, encore trop puissant pour lui et qu'il continue de redouter. Le mot d'ordre scandinave est la réserve et la prudence. Ainsi, pour le moment, et sans doute pour longtemps, rien au Nord. Passons à l'Est.

Au dix-huitième siècle, l'attelage de l'alliance polonaise et de l'alliance autrichienne a été le casse-tête de la diplomatie française qui se trouvait à chaque instant sollicitée de sacrifier l'une à l'autre. De là est venu le fameux « secret du roi ». On a été, on est encore sévère pour la politique extérieure et le « secret » de Louis XV. On se rendra mieux compte, d'ici peu d'années, que l'alliance polonaise, dont la faiblesse a été montrée par l'alerte de 1920, doit entraîner des complications très semblables, sinon pires. Nous verrons si la France contemporaine s'en tire mieux.

Tout indique le sens de ces complications. Elles ne peuvent manquer de se produire du côté de la Russie. Depuis qu'il y a une Russie, l'alliance franco-russe a été tentée ou nouée dix fois, tant elle paraissait naturelle à notre besoin de contrepoids oriental, tant la Russie nous paraissait créée pour répondre à ce besoin. C'est au point qu'on a voulu voir dans l'alliance franco-russe comme une harmonie préétablie. Pourtant, chaque fois qu'elle est entrée en pratique contre l'Allemagne, cette alliance s'est terminée par une défection du côté de la Russie. Si grave qu'ait été la trahison de 1917, si dures qu'aient été pour la France et la paix séparée et l'infidélité de Brest-Litovsk, où les bolchévicks ont renouvelé en somme le coup de Pierre III, il faut reconnaître que, si le concours militaire de la Russie avait été, pendant la phase de la collaboration, inférieur aux illusions qui étaient nourries chez nous, il avait été extrêmement utile. Ainsi a été démontrée, pour la sécurité de l'est. L'alliance russe a rendu des services incontestables. Avons-nous le droit d'espérer que cette alliance renaîtra ? Si la diplomatie française persiste à compter sur le retour d'une Russie loyale, libérale par surcroît, attachée à nous par la sympathie, la gratitude, les liens d'une amitié populaire, encore plus fidèle et constante que n'avait été la Russie de Nicolas II, si l'on comptait sur une Russie qui n'aurait même plus de Stürmers, il est probable que la France se ménagerait une autre sorte de déboires. Nul ne sait ce qui sortira de la République des Soviets, ni ce qui lui succédera. Nul ne sait si elle sera renversée violemment ou si elle se transformera en évoluant. Nul ne sait non plus si la Russie ne passera pas par une anarchie d'une autre sorte, par un autre « temps des troubles ». Mais, en toute hypothèse, il n'est guère concevable que le régime communiste, après avoir obéi, dans sa politique extérieure, à quelques-unes des lois historiques de la Russie, n'engage pas lui-même la suite de l'avenir. Si peu « démocratique », au sens où le prennent les Occidentaux, que soit le gouvernement de Lénine, il est difficile de penser que l'autocratie bolchévik ait mu contre leur gré cent millions de Russes plus facilement que ne les mouvait l'autocratie tsariste. Au cas où l'on verrait l'armée rouge refuser de continuer la lutte contre la Pologne et les « agents de l'Entente » comme l'armée russe de 1917 a refusé de continuer la guerre contre l'Allemagne, bien des espoirs seraient permis. S'il en est autrement, on sera conduit à penser que la guerre contre la Pologne et les associés de la France a été plus populaire que la guerre contre l'Allemagne et que si Lénine a réussi là où s'était brisé le tsar, c'est peut-être que la politique extérieure de l'un répondait mieux que celle de l'autre aux aspirations, même inconscientes, des masses russes. Dans cette incertitude, nous serons réduits longtemps aux tâtonnements vis-à-vis de la Russie et la confiance gratuite que nous mettrions dans une Russie meilleure risquerait d'être trompée. Il serait au moins téméraire de compter sur son alliance prochaine et de sacrifier quoi que ce fût d'assuré à l'espoir de cette alliance. L'expectative et la méfiance seront plus saines et, vis-à-vis de la Russie, la politique la plus sage consistera probablement à tenter de la neutraliser dans la mesure du possible.

Reste la Roumanie, le dernier en date des Alliés que nous ayons trouvés pour la guerre. Son exemple est instructif. Il s'agissait d'un État organisé par cinquante ans d'un règne paisible et qui occupait un rang très honorable en Europe. Par ses ressources, sa civilisation, son administration, ses finances, il était nettement supérieur à la moyenne des petits États. Cependant, abandonné par les Russes, il a subi le même sort que la Serbie et son rôle militaire a été terminé en peu de temps. Il ne peut pas y avoir de cas meilleur ni plus favorable d'alliance avec un peuple dont la population et les forces sont limitées. Les services que ces sortes d'alliances peuvent nous rendre en cas de conflit avec une grande puissance continentale sont aussi jugés par ce cas-là. On ne doit pas négliger non plus le fait qu'en reprenant la Bessarabie, les Roumains savent qu'ils encourent l'antagonisme des Russes. Il y aura du moins de la méfiance entre eux. Sur ce point encore, quelle difficulté d'accorder les peuples comme nous voudrions qu'ils fussent accordés!

*
* *

Résumons encore ce bref exposé. Plus d'Autriche-Hongrie. Une Russie pour le moment barbare et hostile et dont l'avenir est inquiétant. Entre cette Russie et l'Allemagne, et depuis les bords de la Baltique jusqu'à ceux de la mer Noire, un éparpillement de nations dont la plus nombreuse, la nation polonaise, est prise entre deux feux. Il n'existe plus sur le continent européen de grande puissance pour nous aider à établir un équilibre que la présence de la masse germanique rend nécessaire. Et cette masse est la seule qui soit homogène et organisée au milieu d'une vaste décomposition : voilà ce qu'il est impossible de perdre de vue.

La statistique nous apprend que l'Europe de 1914 comptait vingt-six États. Il y en a, dans l'Europe de 1920, au moins trente-deux, chiffre qui n'est pas encore définitif, car il subsiste des incertitudes au sujet de quelques-uns, sans parler, bien entendu, de la fragilité de quelques autres dont l'existence pourrait être brève. Ces nouveaux États se sont détachés ou ils ont été détachés de l'empire russe et de l'empire austro-hongrois. Ce sont, du nord au sud, la Finlande, l'Estonie, la Lettonie, la Lituanie, la Pologne, la Tchéco-Slovaquie. Entre l'Autriche et la Hongrie, il n'y a plus de lien et chacune compte pour une unité.

Tous ces États offrent un trait commun : ils sont dépourvus de frontières naturelles. Leurs limites sont à peu près, et tant bien que mal, celles de la nationalité dont ils portent le nom. Encore convient-il de faire de nombreuses réserves. La nationalité polonaise est diffuse, et, surtout à l'est, du côté de la Russie, il est extrêmement difficile de discerner où elle s'arrête. La Tchéco-Slovaquie, comme nous l'avons déjà indiqué, est presque aussi bigarrée que l'ancien empire des Habsbourg, et l'élément national, l'élément tchèque proprement dit, ne domine pas autant qu'il faudrait. La Hongrie, à l'opposé, se plaint de n'avoir pas son compte de Hongrois et annonce un « irrédentisme ». Quant à l'Autriche, sur le papier c'est un État, mais ce n'est plus que le résidu d'un État, auquel manquent les conditions non seulement de la durée, mais de la vie.

Qu'ils soient ressuscités ou qu'ils soient le reste de quelque chose de plus vaste, ces nouveaux venus ont une étendue et une population inégales. Le plus grand serait la Pologne si, en ce moment encore, il y avait rien de moins assuré que les frontières et peut-être le sort de la République polonaise. Les autres varient entre une quinzaine de millions d'habitants (Tchéco-Slovaquie), sept ou huit (Autriche et Hongrie), un, deux ou trois pour le reste.

Dans toute l'Europe orientale et centrale, il y a des « marches » et des « confins » qui ne résultent pas seulement de la configuration du sol et de l'absence de limites naturelles. Les limites dites naturelles sont loin d'avoir un caractère absolu. Si, en Occident, la géographie semble les indiquer, l'histoire y a plus de part encore. Ailleurs, il y a beaucoup de nationalités et peu de nations. Ce qui fait une nation, c'est l'habitude de vivre ensemble. La frontière a un sens précis quand des hommes savent qu'au delà du poteau cessent des mœurs, des coutumes, des souvenirs auxquels ils sont attachés. Dans les nouveaux États, rien de pareil à ce contour idéal, plus résistant qu'aucun rempart. Tout y est neuf, imprécis et amorphe. Dix, vingt, cent combinaisons politiques et distributions territoriales différentes de celles que la paix a décrétées sont possibles et ne seraient ni plus ni moins raisonnables. Pourquoi une ville libre de Dantzig? Pourquoi le district de Teschen, où cohabitent des Polonais, des Allemands et des Tchèques, partagé de telle manière plutôt que de telle autre? Pourquoi la nationalité ruthène est-elle niée quand la voisine se voit reconnaître une sorte de droit divin? Une plasticité presque infinie reste l'apanage de ces peuples et de ces régions. Et la plasticité, c'est l'instabilité.

A défaut de frontières naturelles et de frontières historiques, ces États-enfants ont-ils reçu au moins des frontières stratégiques? Ont-ils le moyen de se défendre? Pas plus que pour la France, on n'y a songé pour eux. Dans son remarquable rapport sur les stipulations territoriales des traités de paix, M. Charles Benoist relève un oubli singulier. Une Tchéco-Slovaquie a été créée, mais le quadrilatère de Glatz, clef de la Bohême, par où l'armée prussienne avait passé en 1866, a été laissé à l'Allemagne, comme si le mot de Bismarck avait cessé d'être vrai : « Celui qui est le maître de la Bohême est le maître de l'Europe centrale », et comme si cette proposition n'était pas démontrée par les deux batailles fameuses de la Montagne-Blanche et de Sadowa.

Les États anciens à qui la guerre a valu des accroissements considérables ne sont d'ailleurs pas mieux constitués que les États nouveaux. Comme la Tchéco-Slovaquie, la Roumanie et la Yougo-Slavie sont tout en longueur. Par rapport à leur étendue, le développement de leurs frontières est excessif et, par conséquent, la défense en est extrêmement difficile. Près de la moitié de la Grèce ne sera qu'un littoral, une bande côtière. La Grèce, dépourvue d' « épine dorsale », comme disait M. Venizelos avant de succomber à la mégalomanie, sera très exposée et très faible. La sécurité manque à tous ces pays dont la construction n'est ni naturelle ni rationnelle. La force leur manque également. Et quand des peuples ne se sentent ni forts ni sûrs, leur politique louvoie.

Les provinces « rédimées » ou conquises qui ont doublé la Roumanie, triplé la Serbie, accru la Grèce dans des proportions excessives, n'ont d'ailleurs pas ajouté autant qu'il semble à la puissance de ces États. Imaginons que l'Alsace-Lorraine soit égale en superficie et en population au reste de la France. Imaginons qu'une telle Alsace n'eût jamais fait partie de l'unité française ou n'en eût fait partie que dans des temps très lointains. Quelles difficultés nous aurions à l'administrer ! Voilà justement le cas des États qui ont été dotés de vastes provinces. L'assimilation de ces territoires et de leurs habitants sera longue et délicate, quand elle ne sera pas pénible. C'est une œuvre qui laissera aux gouvernements peu de loisir et peu de liberté, en même temps que la conscience de leur fragilité ajoutera à leur peur naturelle des coups. Bien mieux placés que nous pour mesurer les périls de la situation dans l'Europe centrale, loin de courir à des alliances en vue de la guerre défensive contre l'Allemagne et à plus forte raison contre une coalition germano-russe, les alliances qu'ils concevront seront conclues comme une assurance contre les risques. Ainsi la « petite Entente », qui s'est formée entre Prague, Belgrade et Bucarest au mois d'août 1920, quand la

Pologne a été en danger, a pris ouvertement le caractère d'une « ligue des neutres ».

Enfin, et ce n'est pas la moindre chose à considérer, quels sont les hommes et les principes qui dirigent les pays neufs? Quelle est la nature de leurs institutions? A quel régime sont-ils soumis? Quelles garanties offrent-ils à l'intérieur contre les tares diverses dont ils ont été affligés à leur naissance? L'unité nationale de la plupart d'entre eux est encore à faire. La Tchéco-Slovaquie ne porte sans doute ce nom que pour signifier que la fusion entre Tchèques et Slovaques est loin d'être accomplie. Ces pays sont à l'âge des maladies d'enfance. Où est, chez eux, l'élément fixe, l'expression permanente qui, à l'origine de toutes les nations européennes demeurées solides, a été une dynastie? Sauf la Roumanie, la Yougo-Slavie et la Grèce qui conservent la leur, — bien ébranlée dans ce dernier pays, — les autres nationalités ont sauté à pieds joints dans la démocratie pure. Tout le long du dix-neuvième siècle, il avait été admis que les peuples enfants avaient, plus que les autres, besoin de tuteurs. Une nationalité qu'on libérait, une « unité » qui se formait recevaient ou se donnaient une monarchie constitutionnelle. Celles qui n'avaient pas de famille désignée par l'histoire empruntaient un prince à une dynastie régnante pour éviter les compétitions, et la greffe produisait ses effets ordinaires. Le nouveau roi se nationalisait rapidement. Il apportait des relations avec l'étranger, de l'expérience politique, des méthodes de gouvernement, quelquefois même le noyau d'un personnel administratif. Sa présence atténuait les luttes de partis. Tel fut le cas de la Grèce, de la Belgique, de la Roumanie, de la Bulgarie, sans parler de l'Allemagne et de l'Italie dont l'unité avait été due aux maisons de Prusse et de Savoie. Neuf années seulement avant la guerre, les Norvégiens, s'étant séparés de la Suède, avaient encore librement choisi la forme monarchique comme étant la plus convenable à leurs débuts. En 1919, la mode avait changé. Les Alliés ont affranchi les nationalités en masse et ils ont instauré la démocratie universelle. Tous les nouveaux États, sans exception, sont au régime de la République parlementaire. Leur constitution est calquée sur les modèles les plus hardis. Dangereuse expérience. Ceux qui peut-être ne la désiraient qu'à moitié ont dû la subir. Ils seraient mal notés, suspects de tendances autocratiques et de sympathies pour Guillaume II, accusés d'impérialisme, s'ils n'attestaient pas leur fidélité aux idées républicaines. En sorte que la Pologne elle-même essaye de nouveau ce qui l'a jadis tuée.

La démocratie pure est introduite dans des pays qui ont tout à créer, tout à fonder, des frontières à défendre, des populations hétérogènes à unir : œuvre rude, de longue haleine, qui s'accommode mal d'un gouvernement faible, instable et divisé. Étant neufs, ces pays ne possèdent pas le correctif des pays anciens qui ont

adopté la démocratie sur le tard. Ils n'ont pas de
formation sociale historique, d'organisation ad-
ministrative, de traditions politiques et bureau-
cratiques. Et il n'y a pas à craindre seulement
que leur développement en soit retardé ou
compromis. Ce qu'ils ont de plus précieux, la
nationalité elle-même, peut être remis en
question. Le régime des partis ouvre la porte
aux intrigues de l'étranger. Les alliances seront
l'enjeu des luttes publiques : éternelle histoire
des « bonnets » contre les « chapeaux ». Aussi
près de l'Allemagne, aussi pénétrés par elle
qu'ils sont loin de nous, ces pays n'auront qu'une
défense très médiocre contre une action méthodique qui trouvera des complicités à l'intérieur.
Il s'en faut d'ailleurs de beaucoup que, dans ces
pays comme en d'autres, les éléments les plus
avancés et les plus démocratiques, d'ordinaire
soumis à l'influence du socialisme germanique
quand ils ne sont pas tentés par le bolchévisme
russe, nous soient naturellement dévoués. Il
y a encore plus d'ignorance que de fatuité à
s'imaginer que tous les peuples ont une inclina-
tion naturelle pour notre pays. Les moujiks
nous ont bien montré que le Russe ne venait pas
au monde avec un nez, deux yeux et le culte de
la France. L'influence française en Europe était
surtout un fait d'aristocratie. Elle tenait à une
éducation soignée, qui elle-même impliquait un
certain niveau social. Elle tenait aussi à des traditions héritées du temps où le prestige de
notre civilisation et de notre langage n'avait pas

de rival. Il s'ensuit, contrairement à un préjugé encore trop répandu, en dépit de la preuve instantanée qu'a fournie la chute du tsarisme, que notre véritable clientèle, dans ces parties primitives de l'Europe, se trouve en général dans les classes les plus raffinées et les plus conservatrices. Les masses populaires dont les représentants sont au pouvoir n'ont pas ces raisons profondes d'attachement à la France qui résultent surtout d'une bonne éducation. La loi du nombre ne nous favorise pas.

D'ailleurs, par un curieux renversement des choses, la France de la Révolution est devenue le pays le plus réactionnaire du monde. Aux yeux des masses prolétariennes et paysannes de l'Europe orientale, qui tendent vers des formes barbares de dictature beaucoup plus que vers la démocratie parlementaire, nous sommes un peuple de « bourgeois ». Rien n'est plus vrai. Compter que les sympathies de « gauche » nous sont acquises au dehors, ce serait nous exposer à des déceptions

Mais on s'apercevra qu'il y a dans le monde quelque chose qui n'est pas changé à notre avantage, quand nous aurons affaire à des ministres qui n'ont pas eu de précepteur français et qui n'ont étudié que dans les Universités allemandes, si ce n'est à l'école du socialisme allemand. Nons étions partout de plain-pied dans l'ancienne Europe. La communication s'établissait sans peine par les cours, le monde, la haute administration. Le règne d'un nationalisme inculte, propre aux démocraties qui ne connaissent qu'elles-mêmes, restreint ces circonstances favorables à notre action politique et les anciennes commodités de nos relations extérieures. Heureux si, à la longue, il ne les abolit pas. -

*
* *

Ainsi, dans cette vaste partie de l'Europe où nous avons à chercher des alliés et les éléments d'un nouvel équilibre, tout est faiblesse et confusion. Les éléments interchangeables de l'équilibre ancien ont disparu. La Russie, sans doute pour longtemps, est hostile. Nous avons détruit l'Empire austro-hongrois de nos mains. Huit ou dix États, dont l'existence est précaire, jalonnent les pourtours de l'Allemagne unie. Loin de nous aider, ce sont eux qui auront besoin de notre assistance : la Pologne, prise entre deux feux, ne le montre que trop. Et pourtant, — mais rien n'est sûr, — c'est encore en elle que notre confiance serait le mieux placée.

Ce n'est pas tout. Ces peuples sont faibles, et le propre des faibles, c'est l'égoïsme. Ils seront naturellement portés à rechercher des combinaisons par lesquelles ils croiront se mettre à l'abri de leurs trop puissants voisins, moyen d'ailleurs infaillible d'avancer l'heure et de se livrer à eux. Si les nationalités qui viennent de retrouver leur indépendance l'avaient jadis perdue, ce n'avait pas été sans raison. Elles avaient succombé à la supériorité d'organisation

et de masse des grands États qui les avoisi-
naient, et, dans l'Europe des traités de 1919, les
petits sont encore dominés par des géants. Enfin,
ces petits États ont entre eux des haines et des
querelles qui les rendent aveugles au bien général et à leur propre bien. Ce n'est pas en vain
que, selon la remarque de l'écrivain américain
William Morton Fullerton, les Alliés ont « bal-
kanisé » la moitié de l'Europe en s'abstenant
avec soin de « balkaniser » l'Allemagne. Des
mœurs balkaniques, qui ne sont que les mœurs
éternelles des petits États, seront la conséquence nécessaire d'une division qui s'est
arrêtée au seuil de la race germanique, pourtant aussi apte que les autres à se diviser.

Tout cela réuni fait que la « barrière » des
peuples libres n'existe pas ou qu'il suffira d'un
rien pour la renverser. La coalition de ces
peuples contre l'Allemagne et à nos côtés est
une chimère. La « petite Entente » dont la
Tchéco-Slovaquie a pris au mois d'août l'initiative était tout simplement une ligue des neutres,
formée au moment où la chute de Varsovie
semblait prochaine. Ainsi la Pologne eût été
abandonnée et la France avec elle. C'est un
avertissement. Si les nouvelles nations vivent
toutes, nous avons chance de voir, entre amis et
ennemis d'hier, les alliances les plus bizarres
et aussi les plus instables. On sait que le nombre
des combinaisons d'un jeu de trente-deux cartes
est presque infini, et l'Europe compte désormais
trente-deux États entre lesquels les combinai-

sons pourront également varier à l'infini au gré des événements, des passions et des intérêts. Absence d'équilibre, foisonnement des intrigues. Ce ne sont pas de bonnes conditions pour le repos et la tranquillité du vieux monde et la politique française, depuis le dix-huitième siècle, n'aura jamais eu tant de peine à éviter de se fourvoyer.

CHAPITRE VII

L'ALERTE DE 1920
ET L'AVENIR DES SLAVES

Joseph de Maistre se méfiait des prédictions. « S'il faut prophétiser !... » disait-il un jour. Renan, qui était sceptique, n'a pas craint de hasarder quelques prophéties. Il en a laissé une qui est fameuse. Dans la deuxième lettre qu'il adressait à Strauss, pendant la guerre de 1870, il avait menacé l'Allemagne du slavisme. « Le nombre des Slaves est double du vôtre », disait-il à celui qu'il appelait encore son savant maître. « Et le Slave, comme le dragon de l'Apocalypse, dont la queue balaye la troisième partie des étoiles, traînera un jour après lui le troupeau de l'Asie centrale, l'ancienne clientèle des Gengis-Khan et des Tamerlan. »

Cette queue du dragon qui balaye la troisième partie des étoiles, cette figure apocalyptique, c'était un peu mieux tourné que le « rouleau compresseur ». Au fond, c'était la même idée. Renan, qui ne croyait, dans l'humanité, qu'à l'aristocratie, avait succombé ce jour-là à une illusion populaire, au préjugé du nombre.

Les foules innombrables de la race slave lui apparaissaient dans un avenir vengeur. Nombre et surnombre. Les légions allemandes, qui opprimaient la France, seraient noyées à leur tour. Renan oubliait que les Slaves formaient des nations multiples, médiocrement et diversement civilisées, accessibles à l'anarchie et, pour la plus grande part, arrivées à un très bas niveau d'organisation politique.

Pourtant il avait eu une vision d'historien et de poète, quand il avait montré, au siècle futur, la Russie jetant vers l'ouest « le troupeau de l'Asie centrale ». Renan savait ou sentait « qu'il n'y a pas de Russie d'Europe ». La Russie, qui communique avec les plaines, les fleuves et les mers asiatiques, plus qu'à demi asiatique elle-même, pouvait un jour embrigader les Tartares et les Mongols, les ramener contre ses adversaires européens. Elle le pouvait, mais elle pouvait encore s'identifier avec cette Asie. Au lieu de diriger et de conduire les Mongols, elle pouvait être mongolisée. Et surtout, au lieu de mener les hordes d'Asie contre l'Allemagne, l'asiatisme pouvait devenir complice des Germains. C'est peut-être la vérité d'aujourd'hui comme ce fut celle du passé. Gengis-Khan, évoqué par Renan, qui semble le connaître mal, s'entendait avec l'empereur Frédéric d'Allemagne en cette année 1241, que l'Occident menacé appela « l'année d'angoisse ». Et ce Gengis-Khan, qui n'avait d'autre culte que celui de l'État, aurait mieux plu à Renan que les fanatiques orientaux qui, de Moscou, ont voulu répandre sur le monde la religion du communisme.

*
* *

Renan se trompait quand il croyait que la Russie ne conduirait les hordes d'Asie que pour écraser l'Allemagne. Il se trompait quand il imaginait une croisade du slavisme contre le germanisme oppresseur. Il semble bien que son illusion ait été partagée par les auteurs du traité de Versailles. Tout le dix-neuvième siècle, Napoléon, Tocqueville, Michelet, avait été hanté par la puissance russe. Il en avait eu horreur. C'est à partir de 1871 qu'il se mit à la concevoir comme bienfaisante en l'opposant à la puissance allemande. La Russie tsariste trouva grâce chez nous au moment où elle commençait à décliner. En jetant dans la circulation l'idée d'un grand conflit de races où la France obtiendrait d'innombrables alliés contre l'Allemagne conquérante, Renan était le précurseur de l'alliance franco-russe. Il lui donnait une base idéologique et mythique. Qu'avait-il vu de son temps ? Il avait vu les peuples allemands s'éveiller à l'idée de nationalité, se concentrer et s'unir. Le dix-neuvième siècle avait été l'âge de la race germanique. Alors les contemporains regardaient la race slave, encore engourdie, encore divisée, encore asservie dans beaucoup de ses branches, et ils calculaient que son réveil ne tarderait pas à suivre celui des Germains, son unité à se former sur le modèle de la leur. Et comme les Germains, à l'est et au centre de l'Europe, étaient les exploiteurs et les oppresseurs des Slaves, il ne paraissait pas douteux que l'Allemagne dût, tôt ou tard, avoir affaire au slavisme non seulement coalisé, mais devenu, comme les Allemands eux-mêmes, une seule nation.

C'est ce que Renan annonçait à Strauss en lui montrant toutes les populations slaves, des millions et des millions d'hommes, Serbes, Croates, Moraves et Tchèques, groupés « autour du grand conglomérat moscovite, noyau désigné de la future unité slave » (de même que la Prusse avait été le noyau de l'unité allemande), et lancés tous ensemble contre l'Allemagne à la revanche d'une oppression séculaire. Renan, — était-ce oubli, sagesse ou prudence ? — omettait les Polonais. Il avait raison : l'alliance franco-russe ne pouvait se fonder que sur l'oubli de la question polonaise.

Une idée simple, une image forte agissent longtemps sur les esprits. La vision grandiose de Renan a été pour beaucoup dans la formation de l'alliance entre la démocratie française et le tsarisme. Qui fera la part de l'imagination dans la politique ? Qui fera même la part de l'illusion ? La France se trompait quand elle se croyait l'alliée d'un peuple et même d'une race. Elle n'était que l'alliée d'un gouvernement : on s'en est aperçu seulement quand Nicolas II a été renversé. A ce moment-là, d'ailleurs, l'alliance avait donné ses meilleurs résultats. Après nous

avoir tirés de l'isolement, elle nous avait sans
doute aussi retenus sur la pente qui conduisait
à une abdication complète vis-à-vis de l'Allemagne. La guerre ayant éclaté, l'armée russe
— il faudra toujours lui rendre cette justice —
détourna assez de troupes allemandes pour que
notre défense devînt possible. Et puis l'aide
morale ne fut pas moindre : opprimé par l'idée
du nombre, qualité sans quantité, le peuple
français avait besoin de savoir qu'une grande
masse, un grand réservoir d'hommes était,
quelque part dans le monde, avec lui. Quand la
Russie fut défaillante, l'Amérique vint à point
pour en tenir l'emploi.

Tels sont les services que l'alliance russe nous
a rendus. Ils sont loin d'avoir été imaginaires.
Cependant l'Allemagne, de son côté, avait fini
par prendre peur du slavisme. Le cauchemar
russe fournit au moins un prétexte à la guerre
de 1914 et un aliment à la colère allemande. Et
la guerre commença par la Serbie. C'était comme
l'esquisse de la grande coalition slave. Mais depuis ? La Russie avait beau s'être retirée de la lutte
par une de ces défections dont elle avait déjà
donné l'exemple dans le passé, elle avait beau
avoir déserté les alliances dans des conditions
qui laissaient peu d'espoir de retour, on a con-
tinué à croire en elle. La Russie visible et présente, la Russie rouge était devenue hostile. On
se fiait à une Russie idéale, une Russie invi-
sible qui aspirait secrètement à reprendre sa
place dans la grande alliance. On ne pouvait se

résigner à voir dans le peuple russe, au lieu d'un allié, un adversaire possible.

Quand l'heure vient de faire une grande paix, de créer des États et de dessiner des frontières, alors d'anciens souvenirs, de vieilles lectures, le fonds de lieux communs sur lequel une génération a vécu, déterminent souvent les décisions des négociateurs. En 1919, on est parti de ce principe que des nations slaves, disposées en cercle autour des pays allemands, formeraient une barrière et un rempart. On n'abandonnait pas l'espoir de voir ces nations se rassembler, se fédérer autour du « grand conglomérat moscovite ». Ainsi l'équilibre, au lieu d'être celui des États, aurait été celui des races.

Il n'est pas impossible que l'idée de race travaille encore le vieux monde. Mais il n'est pas certain que ce soit dans le sens désiré. Il n'est pas certain que ce soit dans un sens favorable à la paix. Étendue à Prague et à Belgrade, la fraternité slave sous la direction de Moscou serait en ce moment bolchéviste. Qui peut dire ce qu'elle sera demain ? Du jour où l'idée de race a été jetée dans la circulation européenne datent les plus atroces convulsions de notre humanité. Il n'y a pas de raison pour qu'elle produise de meilleurs effets à l'avenir. Et quand même la communauté des origines et du langage parviendrait à rassembler en notre faveur quelques-uns des éléments du slavisme, il est invraisemblable qu'elle réussisse à les rassembler tous. Longtemps la Bulgarie a passé pour la sentinelle avancée du slavisme dans les Balkans. Les Russes l'avaient chérie, choyée, préférée maintes fois à la Serbie. La statue du tsar libérateur se dresse encore à Sofia. Les guerres bulgaro-serbes, même la dernière, celle de 1913, la plus haineuse, n'avaient pas réussi à tuer la chimère d'une Confédération balkanique, à laquelle l'Occident s'attardait. Il a fallu, en 1915, ce qu'on a appelé la trahison bulgare (comme si les Alliés n'avaient pas été trahis surtout par leurs illusions) pour qu'on s'avisât tout à coup que les Bulgares n'étaient pas des Slaves, mais d'indignes « Touraniens », frères des Turcs et des Hongrois. Rien de plus vain que cette mythologie des races, aussi capricieuse, aussi décevante que celle des nationalités. Avant d'être stigmatisée comme une « nation de proie », la Hongrie a passé longtemps pour une nation victime. Depuis 1913 seulement, les « atrocités bulgares » ont changé de sens, et les anciens persécutés sont apparus comme des persécuteurs. N'échafaudons plus jamais de politique sur ces vanités.

*
* *

Bien hardi qui oserait annoncer l'avenir du slavisme. Les Bulgares en sont rayés pour cause d'indignité. Jusqu'à quand? De leur côté, les Tchéco-Slovaques, les Yougo-Slaves suivent des routes incertaines et obscures. Ils ne sont pas disposés à se faire les instruments du système trop simple, vraiment naïf, qu'avaient imaginé les auteurs de la paix. Ces peuples se recueillent. Ils examinent la situation. Ils sentent, ils savent que leurs États sont fragiles, qu'ils ont quelque chose d'amorphe, peut-être de provisoire, et qu'ils se briseraient au premier choc avec une puissance plus forte qu'eux. Leur attitude sera celle d'une neutralité prudente. Vis-à-vis de l'Allemagne, grand soin d'éviter un conflit. Même crainte de contrarier l'autre colosse, le moscovite, sans compter les sympathies de race qui, si elles agissent, seront favorables à la politique russe, quelle qu'elle soit, même bolchéviste, même et surtout dirigée dans le sens d'une alliance avec l'Allemagne : double raison alors, pour ces faibles, de masquer la crainte par le sentiment.

Il est donc très douteux que, si le slavisme est capable de s'unir, son unité soit désirable. Mais le slavisme n'est pas uni. Ce n'est pas en Bulgarie, c'est en Pologne que se trouve sa coupure la plus visible. Là, le schisme est ancien, profond, la querelle inexpiable, aggravée par la parenté elle-même. Si on l'avait oublié, l'alerte de 1920 est venue rafraîchir trois cents ans d'histoire.

La Pologne a retrouvé son indépendance à un moment où, pour dire toute la vérité, sa cause ne passionnait plus personne. Il y avait d'abord sur son tombeau la pierre de l'alliance franco-russe. Et puis, si les Français avaient cessé de s'intéresser à la Pologne, ce n'était pas seulement par politique et pour plaire au grand allié. Depuis 1871, la nationalité souffrante et malheureuse, n'était-ce pas la France ? « Soyons nos Polonais à nous-mêmes », disait spirituellement un républicain après le traité de Francfort. Strasbourg avait pris la place de Varsovie. L'amour de la Pologne, si actif, au dix-neuvième siècle, qu'il intervenait dans les révolutions de notre politique intérieure, était passé à l'état de souvenir littéraire et n'était plus vraiment senti. La Pologne n'était plus d'actualité, ce qui a eu pour conséquence de la chasser des esprits en même temps qu'elle sortait des cœurs. Certaines notions qui étaient autrefois des lieux communs étaient ignorées, et, quand les événements de 1920 les ont remises en honneur, elles ont paru comme des nouveautés ou comme des paradoxes. Cependant les hommes qui avaient réfléchi jadis au problème polonais, qui l'avaient étudié au point de vue politique et dégagé de l'alliage sentimental, n'avaient pas tardé à en découvrir le caractère. La persécution de la Pologne n'était pas celle d'un peuple par un tyran, mais d'une nationalité par une autre, et c'était aussi vrai du partageant russe que du partageant prussien. « Pour la Russie, disait Guizot, la conservation de sa part de la Pologne n'est pas seulement une question de gouvernement, un intérêt de souverain, c'est une passion nationale ; le peuple russe est encore plus ardent que l'empereur à ne pas souffrir que la Pologne échappe à l'empire. » On avait vu plus tard, en 1863, avec quelle fureur enthousiaste les Russes avaient réprimé l'insurrection polonaise. « Ce qu'on nomme sympathiquement à Paris et à Londres l'indépendance de la Pologne, écrivait alors Émile de Girardin, se nomme patriotiquement à Pétersbourg et à Moscou le démembrement de la Russie. » Et l'auteur contemporain d'un traité de politique européenne relève encore « l'acharnement âpre et farouche dont le peuple russe fait preuve, depuis trois siècles, contre la malheureuse Pologne. Le tsar voudrait rendre à ce pays une partie de ses libertés qu'il ne le pourrait pas. Il faut, pour plaire à la majorité de ses sujets, qu'il règne par la terreur sur la Vistule[1] ».

Entre Polonais et Russes, l'hostilité a des causes anciennes et profondes. Faite de rancunes historiques, elle renaît toujours parce que les griefs sont permanents et parce que l'incompatibilité tient à la nature des deux peuples. Les Polonais, latinisés par le catholicisme, apparaissent aux Russes comme des dissidents du slavisme. Que la différence des religions tienne à des différences premières et originelles ou bien à l'histoire, l'effet est le même. Ce sont deux nations aux frontières indistinctes, entre lesquelles il n'y a pas d'accommodement depuis qu'elles se connaissent. La paix se nomme pour elles domination et conquête, quand les Polonais sont les maîtres à Moscou ou quand l' « ordre » russe règne à

---

[1] Debidour, *Histoire diplomatique de l'Europe.*

Varsovie. Dans l'intervalle, guerres mêlées de trêves.

La Pologne à peine rendue à l'indépendance, la guerre a recommencé. La Russie bolchéviste s'est comportée comme la Russie tout court. Les généraux du tsar se sont mis à la tête de l'armée rouge. Guerre de principe et de propagande, guerre politique et nationale : guerre polono-russe de vieux style, si fatale, si spontanée, qu'il n'est même pas possible de dire quel a été l'agresseur. Les Polonais ont marché sur Kiev et cherché à atteindre leurs frontières de 1772, comme si rien ne s'était passé depuis 1772. Les Russes, ayant repris l'offensive, ont marché sur Varsovie comme si un Romanof, et non pas Lénine, était au Kremlin. Le bolchévisme a suivi à son tour la fameuse loi de continuité nationale, règle des révolutions. L'histoire est d'une fatigante monotonie.

La Pologne a été sauvée à la dernière heure. Livrée à elle-même, elle courait à la décomposition politique, et nous avons vu approcher le moment où l'armée polonaise succomberait encore par l'anarchie de l'État. Le patriotisme ne suffit pas aux peuples, et si la France n'avait prêté son aide, ses hommes, son commandement militaire, nul ne sait où la défaillance de la Pologne se fût arrêtée.

L'image d'une catastrophe a été devant nos yeux. C'est ce qu'on appellera l'alerte de 1920.

Après le traité de Francfort, quatre ans

s'étaient écoulés avant le nouveau danger de guerre connu sous le nom d'alerte de 1875. L'alerte du mois d'août 1920 est survenue quatorze mois après le traité de Versailles. Bref délai, course accélérée des événements et des conséquences. Et cette alerte s'est présentée dans des conditions qui doivent servir d'avertissement pour l'avenir. En 1875, il y avait encore les éléments d'un équilibre européen. L'attitude de simple désapprobation prise par la Russie et par l'Angleterre avait suffi à calmer Bismarck, à lui montrer l'imprudence d'une politique qui exposait l'Allemagne au danger d'une coalition. En 1920, c'est autour de la France que l'isolement a été organisé. L'Angle-terre et l'Italie désapprouvaient la politique française et déconseillaient la résistance. La grande Entente était dénoncée et une « petite Entente » ou ligue des neutres se formait dans l'Europe centrale entre les nationalités de la « barrière » pour abandonner la Pologne et la seule puissance qui soutînt la Pologne. Tchéco-Slovaques et Yougo-Slaves, se rapprochant de la Roumanie, invoquaient la fraternité slave, mais c'était pour favoriser la Russie et, avec elle, l'Allemagne. Conscients de leur fragilité, ces États refusaient d'avance d'affronter les risques d'un conflit avec de plus forts qu'eux. Enfin, partout l'Allemagne était à l'œuvre, sus-citant des troubles, se servant de ses relations soit avec les socialistes, soit avec les mécon-tents de toutes sortes, Irlandais ou flamingants,

La Belgique elle-même, jusque dans son gouvernement, était agitée et divisée. Pour son compte, l'Allemagne se tenait prête. Une victoire des Russes eût été le signal d'un soulèvement sur le modèle de 1813. Nos détachements de garde en Haute-Silésie étaient attaqués. Sur la rive gauche du Rhin, des grèves, une excitation méthodique de la population, inspectée à ce moment précis par un ministre d'Empire : c'étaient les signes d'un plan destiné à paralyser ou à gêner l'action de nos troupes. En Allemagne même, de nouvelles organisations militaires surgissaient : l'*Orgesch* après les gardes d'habitants, la police de sûreté, le *Heimatdienst*, etc., l'esprit allemand ne se lassant pas d'inventer de nouvelles formes de militarisme, de nouvelles façons de conserver et de déguiser une armée. Et l'on voyait aussi, ce qui n'était pas encore arrivé, ces milices s'étendre hors des frontières de l'Empire, dans les provinces autrichiennes, Tyrol et Vorarlberg, susceptibles de se détacher les premières du pauvre gouvernement de Vienne, d'ailleurs consentant, en sorte que la réunion, l'*Anschluss*, se fût accomplie non pas en bloc et d'une façon solennelle, mais par coups de force successifs et d'apparence spontanés.

Le sauvetage de Varsovie a empêché l'exécution de ce vaste plan. On doit dire plutôt qu'elle l'a suspendu. Tous les préparatifs subsistent. Ils pourront servir une autre fois. Nous avons assisté à une répétition générale de la revanche allemande, interrompue par la défaillance de l'un des principaux acteurs. Nous sommes renseignés. Nous sommes avertis.

*
* *

L'alerte de 1920 comporte en effet plusieurs leçons. Elle est le premier effet sensible du mauvais agencement de la paix. Les critiques théoriques et raisonnées qui, dès l'origine, ont été adressées au traité de Versailles se trouvent vérifiées par l'expérience. Cette paix ne se soutient pas par elle-même. Elle ne peut être défendue qu'au prix d'efforts militaires sans cesse renouvelés, et elle reste à la merci de tout événement, également militaire, survenu aux points les plus fragiles de la construction.

Et d'abord, ce qui devait être, le traité de Versailles a noué l'alliance de l'Allemagne et de la Russie. On n'a plus le droit de s'y tromper. Du moment qu'entre l'Allemagne et la Russie, aux dépens de l'une et de l'autre, on reconstituait une Pologne, la communauté des intérêts et des sentiments s'établissait. Allemands et Russes ne s'aiment pas, mais ils sont pour ainsi dire complémentaires. Ils ont besoin de se toucher, d'échanger des produits, des idées, des hommes, et ils ne peuvent se joindre que par-dessus le corps de l'État polonais. Ils sont encore moins complices pour se garantir les uns aux autres leur morceau de Pologne que pour la détruire et la partager de nouveau.

L'Allemagne, après sa défaite, devait désirer naturellement l'alliance de la Russie. Ce n'aurait pas été une raison suffisante pour qu'elle fût certaine de l'obtenir. La Pologne semble avoir été inventée pour hâter le rapprochement.

L'alliance de l'Allemagne et de la Russie par la Pologne : c'était encore un lieu commun de notre ancienne politique, un principe qui n'avait plus besoin d'être démontré. Il subsiste. Il n'y a jamais eu tant de raisons de s'en souvenir. Le traité de Versailles a rendu à la Pologne son indépendance comme si l'Allemagne seule devait en être atteinte et blessée, comme si, pour sa part, la Russie était résignée et consentante et devait se réjouir d'avoir fait un sacrifice à la justice. On se figure aussi que des frontières qui suivraient, dans la mesure du possible, les limites ethnographiques, avec des concessions mutuelles et des compensations dans les régions indivisibles, auraient le résultat d'assurer une paix durable entre la Pologne et la Russie. En admettant la possibilité d'un partage équitable et qui contente les deux nations, il faudrait encore que la Pologne cessât de gêner, d'offusquer, d'irriter la Russie par le seul fait qu'elle existe. Au moment de fixer les frontières de la Pologne à l'est, quand celles de l'ouest, en Silésie, sont encore imprécises, on pense gagner le sentiment national russe par la modération et par la douceur. On peut l'essayer. Mais si, du même coup, on démantête la Pologne, si on lui enlève ses bastions, si l'on excite chez les Russes la tentation de l'envahir une autre fois? Redoutables perplexités. Ce n'est pas si simple qu'on voudrait le croire.

L'alliance germano-russe par la Pologne a des racines tellement fortes qu'il y a très peu de chances pour que de simples arrangements de la carte réussissent à l'empêcher. Un homme qui sentait charnellement l'histoire a eu un jour, — et quel jour! — cette intuition des entrailles et des nerfs. Il y a, dans notre littérature politique, peu de livres plus ignorés qu'une centaine de pages écrites par Michelet pendant la guerre de 1870. Il y en a peu de plus fiévreux et de plus fulgurants. Le célèbre halluciné, dans sa douleur, dans sa colère, dans sa déception (car il avait aimé l'Allemagne), a eu sur l'avenir des vues d'une justesse étonnante. Il semble que les peuples dont il avait écrit l'histoire aient marché devant ses yeux. Il les « voyait », comme une magnétiseuse. Et comme une sibylle aussi, il hésitait, il tremblait, il se reprenait jusqu'à ce qu'il accouchât enfin de la prophétie.

Celle de Michelet contredit celle de Renan. Comme le rationaliste, le voyant a bien aperçu dans l'avenir une Russie errante, guerrière, portant en elle on ne sait quoi de monstrueux hérité de l'Asie. Et Michelet annonçait à son tour que cette immense Russie, peuple instable et vagabond, se déplacerait encore vers l'ouest.

Serait-ce pour écraser l'Allemagne, pour venger la France ? Michelet ne distinguait pas bien. Cet avenir était obscur. Il l'épelait en haletant. Et, tout à coup, le trépied s'agitait, le voile se déchirait. Le devin interpellait des hommes inconnus, innommés, ceux qui ont rédigé la paix de Versailles, sans doute, et il leur adressait des paroles étranges : « Ah ! comment vous y prenez-vous pour vous aveugler vous-mêmes ? Ne pas voir ce que vous voyez ? Ignorer ce que vous savez ?... Comment avez-vous oublié le mariage profond, terrible, de la Prusse avec la Russie ? Il est si fort qu'entre elles deux les traités sont inutiles ! »

Mariage par la Pologne : « C'est la Prusse, un État demi-slave, qui proposa au dernier siècle le banquet où la Pologne fut servie, où, pour dessert, on but un verre de son sang. » Cette communion, la rompra-t-elle ? Mais la Prusse a eu besoin de la Russie. « Elle en aura besoin demain encore plus, quand l'Allemagne s'éveillera, sortira du rêve, de son ivresse actuelle, où l'idée d'être *une* lui a fait tout oublier. Mais, pour être une, il faut être. Le jour où elle voudra être, son petit tyran, la Prusse, lui montrera la Russie [1]. »

Mettez la prophétie de Michelet sur le compte de ce que vous voudrez, même sur le compte de l'épilepsie. Elle est là. Elle a l'air faite pour

1. *La France devant l'Europe*, par Jules Michelet (1871). Avec cette épigraphe : « Les juges seront jugés ».

notre temps. Entre l'Allemagne et la Russie, les traités sont superflus : la Pologne les rassemble. Nous avons vu les Allemands compter les jours jusqu'à la prise de Varsovie et se tenir prêts à profiter de l'écrasement de la Pologne. Pas d'alliance plus naturelle. Elle se reformera toujours spontanément, et il y a peu d'expériences aussi décisives dans toute l'histoire politique. Nous serions impardonnables d'oublier cette leçon.

La Pologne a été sauvée à la onzième heure. L'extrême danger qu'elle a couru montre qu'elle est mal articulée avec la nouvelle Europe. Il montre aussi que la solidité intérieure de l'État polonais est des plus douteuse. Sa capacité de résistance à la double pression latérale qui s'exercera encore sur lui dans les temps prochains sera évidemment médiocre. La Pologne conçue comme une protection contre l'Allemagne, comme un État-tampon entre la Russie et l'Allemagne, n'a pas les moyens qu'il lui aurait fallu pour tenir ce rôle. Au lieu de nous servir de point d'appui, il faudra l'aider à se défendre. Elle sera pour nous une charge. C'est un grave sujet de préoccupation pour l'avenir.

Quelle est la plus grande faiblesse de la Pologne ? C'est qu'elle n'a pas d'État. La question de ses frontières vient au second rang. Dans toute cette partie de l'Europe, aucun pays ne peut avoir de bonnes frontières. Les frontières naturelles, sujettes à caution partout, même là où elles semblent à première vue inscrites sur le sol, sont inexistantes à travers les vastes plaines de l'Europe orientale. Les frontières ethnographiques sont mouvantes et toujours contestées en raison du mélange et du conflit des races, des langues et des religions. Quant aux frontières stratégiques, elles sont illusoires s'il n'y a pas, derrière les bastions et les lignes de défense, une force organisée. Depuis l'époque moderne, toutes les luttes engagées entre les peuples qui voisinent sur ces Marches se sont terminées de la même manière : ceux qui possédaient un pouvoir central vigoureux mangeaient peu à peu les autres et « rassemblaient la terre ». Ainsi, et grâce à cette supériorité, l'État prussien et l'État moscovite étaient venus à bout de la Pologne qui n'avait jamais su constituer chez elle un solide gouvernement. Ainsi encore les Habsbourg, bien assis dans leurs provinces héréditaires, avaient cousu peu à peu à leur Empire des morceaux disparates et non germaniques échappés à l'impuissance des peuples qui le bordaient.

Une des plus précieuses remarques dont l'histoire ait fait cadeau à la politique, et la politique contemporaine l'a totalement négligée, est certainement due à M. Ernest Lavisse. Après avoir raconté l'ascension des Hohenzollern et de l'État prussien, M. Lavisse note dans ses *Études sur l'histoire de Prusse* : « Seules ont été grandes dans les temps modernes les nations qui ont eu au moyen âge des dynasties consacrées : la Bohême, la Pologne, la Hongrie ont perdu leur indépendance pour s'être fiées aux hasards de l'élection d'un roi ».

La cause essentielle de la faiblesse des nationalités rendues aujourd'hui à l'indépendance se trouve donc dans leurs origines mêmes. L'inégalité à laquelle la Pologne avait succombé au dix-huitième siècle subsiste. Il semble à beaucoup que la Pologne, Lazare des nationalités, reparte du même point que l'Allemagne et la Russie après leurs révolutions et qu'elle soit à égalité nouvelle. Grave erreur. Quelques ravages que la révolution ait pu exercer dans ces deux Empires, ils n'en gardent pas moins l'héritage matériel et les traditions qu'ont légués à l'un les rois de Prusse, à l'autre les tsars de Moscou. Les dirigeants de la République des Soviets eux-mêmes, quelles que soient les destructions qu'ils aient commencé par commettre, se sont trouvés dans une situation plus favorable que les dirigeants de la République polonaise. Ils avaient au moins les vestiges de l'organisation, de la bureaucratie, de la police et de l'armée tsaristes. La Pologne est devant le vide. Elle a tout à créer, jusqu'aux organes rudimentaires d'une administration. En fait de personnel expérimenté, elle ne possède guère que les Galiciens qui participaient au gouvernement de Vienne. Encore ces bureaucrates ont-ils leur système auquel ne sont pas pliées celles des populations polonaises qui étaient naguère incorporées à la Prusse et à la Russie. Quand ils n'appliquent pas au néant leur expérience d'administrateurs (l'adroit Bilinski s'est essayé mais sans succès aux finances), ces fonctionnaires se heurtent à la résistance des habitudes et des mœurs. Ils sont étrangers à la masse du pays et ils n'ont même pas l'appui d'un gouvernement dont ils ne sont pas l'émanation directe. Le seul élément qui soit capable d'organiser la Pologne, celui qui vient d'Autriche, ne possède pas les conditions qui lui seraient nécessaires pour rendre service et pour réussir. Le seul élément qui ait une conception de l'État et le sens de la politique, celui qui vient de Posnanie, est une minorité incomprise. Et l'on ne fonde pas un État uniquement avec du patriotisme et de la bonne volonté.

Pour ressusciter une Pologne, pour l'articuler avec l'Europe, pour la mettre à égalité avec la Russie et avec l'Allemagne, en un mot pour la rendre viable, il n'y avait sans doute qu'une solution : c'était que la Pologne héritât de l'organisation dont le centre était à Vienne et qu'elle s'intégrât à l'Empire autrichien délibérément reporté des Balkans et de l'Adriatique vers l'Europe de l'est. Cette combinaison eût été conforme aux lois de la mécanique politique et, par conséquent, naturelle. L'artificiel, c'est le décret qui rend à un peuple l'indépendance sans lui donner les moyens de la garder et qui le met de prime abord en état d'infériorité vis-à-vis de ses ennemis-nés.

L'Autriche ayant été détruite, cette possibilité échappait. La Pologne a été restaurée au hasard.

C'est un enfant mineur chargé de se conduire seul dans la vie. On n'a pas songé un instant qu'à une Pologne morte autrefois de la mauvaise qualité de ses institutions, il n'était pas donné des institutions meilleures. Une République de Pologne succède à la République de Pologne. A aucun point de vue, il n'était raisonnable de semer la démocratie parmi les peuples libérés de l'Europe centrale et orientale. Les résultats peuvent être rapidement funestes. En ce qui concerne la Pologne, la France se trouve, pour sa part, associée et engagée avec un pays inorganique et en état d'anarchie latente. Par là encore, la Pologne, conçue comme une auxiliaire, est déjà redevenue ce qu'était pour nous l'ancienne République de Pologne : un souci quotidien.

Une célèbre instruction de Choiseul au sujet des affaires suédoises, avant le rétablissement de l'autorité de Gustave III avec le concours de la France, disait fortement : « Le gouvernement en Suède, tel qu'il y est établi, est une véritable anarchie dont le gouvernail est tantôt entre les mains d'une faction et tantôt entre les mains de la cabale opposée. Le choc continuel de passions et d'intrigues entre deux partis qui cherchent continuellement à se culbuter et à s'anéantir réciproquement ne peut être que funeste à ce royaume *et rendre son alliance inutile ou même dangereuse aux autres puissances* ». C'est un risque très sérieux que nous soyons amenés à en dire autant de l'alliance polonaise. La Pologne organisera son État et elle sortira de l'anarchie ou bien nous devrons l'aider tous les dix-huit mois à gagner une bataille de Varsovie et elle sera pour nous un poids à traîner. A moins qu'elle ne succombe comme elle avait déjà succombé jadis.

L'ALLEMAGNE ET LA POLOGNE

Un écrivain anonyme, en qui nous croyons reconnaître un célèbre historien polonais, a publié dans la revue *la Pologne* de juillet 1920, une étude dont les grandes lignes méritent d'être recueillies à cette place à titre de document et de conclusion :

Le partage de la Pologne n'est pas un but éloigné et vague de la politique allemande. Il est bien défini et regardé comme pouvant être réalisé dans un temps très rapproché. En observant la politique allemande et les événements en Europe Orientale, on peut se rendre exactement compte du plan allemand. D'après ce plan, la politique allemande doit procéder par trois étapes : 1° le rétablissement des anciennes frontières à l'est ; 2° l'établissement d'une hégémonie allemande dans l'est de l'Europe ; 3° la revanche du côté de l'ouest et l'hégémonie allemande sur le Continent européen.

L'exécution de ce programme est conditionnée par le rétablissement de la Prusse dans ses anciennes frontières, ce qui implique un nouveau partage de la Pologne...

La réussite d'un partage de la Pologne — malgré et contre les droits des nationalités à disposer d'elles-mêmes, principe proclamé si hautement à Versailles et accepté par les Allemands, qui ont compris bien vite quels profits ils pourraient en tirer en Europe orientale, — se base sur les trois ordres de faits suivants : 1° le rétablissement d'une situation politique qui, au dix-huitième siècle, a abouti aux partages de la Pologne et a maintenu une Pologne divisée au dix-neuvième siècle ; 2° la situation intérieure de la Pologne et les tendances de la politique polonaise, et

3° la neutralité des puissances occidentales telle qu'elle a existé pendant les partages au dix-huitième siècle et telle qu'elle a persisté devant les partages accomplis au dix-neuvième siècle.

La politique de Frédéric le Grand et de ses successeurs a été couronnée d'un succès éclatant parce qu'elle a réussi à gagner la Russie et l'Autriche et parce qu'elle a su éluder les ambitions de Catherine II opposée au partage de la Pologne, parce que désireuse de l'annexer tout entière et d'apaiser les scrupules de Marie-Thérèse, qui céda en pleurant sur les droits violés et les malheurs de la Pologne outragée. Les successeurs de la politique du grand roi jouent le même jeu; ils voudraient rétablir un cercle de convoitises autour du nouvel État polonais; ils voudraient être de nouveau à trois pour exécuter la Pologne.

Ils ont déjà gagné les bolchéviks qui sont devenus les champions de l'idée de la réunion de « la terre russe » qui a été la grande idée de Pierre le Grand et de tous ses successeurs. Ils affichent sur leurs drapeaux les mêmes principes humanitaires que les armées des tsars. Suwarow a massacré les habitants du faubourg de Varsovie, Prag, pour prendre la défense « des protestants opprimés » par la Pologne catholique; les armées rouges de Braunstein-Trotzky massacrent les populations polonaises pour délivrer le prolétariat de l'oppression de la bourgeoisie polonaise, « réactionnaire et impérialiste ». Les mots ont changé, mais pas le fond.

L'Autriche-Hongrie n'existe pas, mais la politique allemande considère que les facteurs politiques, économiques et géographiques qui ont formé l'Empire des Habsbourg n'ont pas disparu et qu'il existe un ensemble d'intérêts qui, sous une forme ou sous une autre, ressusciteront l'ancien Empire. Ils se souviennent bien qu'il fut un temps où les empereurs ont occupé le trône royal de Bohême et ils comptent sur la possibilité de la reconstruction de l'Autriche par les Tchéco-Slovaques. Ils espèrent que l'alliance qui a uni au dix-huitième siècle le roi de Prusse aux empereurs de toutes les Russies et aux empereurs de Vienne pourra bien renaître au vingtième siècle entre trois républiques, qui — pense-t-on à Berlin — sont sujettes aux mêmes lois historiques et géographiques que les anciennes monarchies.

De cette conception générale se déduisent les deux conclusions pratiques suivantes : 1° la nécessité d'une entente avec le gouvernement bolchéviste, et 2° une action tendant à aggraver le conflit polono-tchèque au sujet de Teschen.

En ce qui concerne la situation intérieure de la Pologne, le plan allemand est bien simple. Il faut profiter de toutes les difficultés qui se posent devant les organisateurs d'un État nouveau : difficultés politiques, sociales et économiques. Il faut envenimer la lutte des partis, il faut soutenir la hausse des prix, encourager la lutte des classes et organiser la lutte des nationalités contre l'État polonais. Les juifs, les Lituaniens, les Ruthènes, les Allemands, voilà autant d'éléments propices pour une activité de la propagande allemande. Maintenant que les mystères de la propagande allemande ont été dévoilés en France, il est facile de s'imaginer ce que peuvent faire les agents allemands dans un pays qui possède une administration inexpérimentée et une situation économique extrêmement compliquée. La Pologne fourmille d'agents allemands qui ont une influence réelle et trop peu appréciée sur l'État intérieur de ce pays. Et enfin, il faut bien le dire, la politique allemande espère pouvoir jouer sur les erreurs traditionnelles de la politique polonaise ; elle espère pouvoir engager la Pologne dans les affaires ukraniennes et russes de telle façon qu'elle ait les mains liées dans la politique occidentale ; elle espère enfin que le romantisme polonais rompra l'équilibre qui, dans une politique rationnelle, doit subsister entre les moyens dont on dispose et les buts qu'on se propose.

La politique allemande escompte aussi la neutralité des Alliés, résultant de divergences de vue sur l'application du traité de Versailles. Pour gagner une neutralité bienveillante des Alliés, les Allemands agitent le spectre du bolchévisme et tâchent de faire admettre par les vain queurs le principe de la solidarité économique de toutes les nations européennes.

La politique allemande fait tout son possible pour démontrer que l'Allemagne seule est capable de sauver l'Europe du bolchévisme russe; ils soutiennent donc en secret le gouvernement de Moscou et l'armée rouge contre les Polonais pour prouver par les faits que la Pologne est incapable de tenir tête aux soldats de Trotzky. D'autre part, ils démontrent qu'il faut donner à l'Allemagne la possibilité de développer son industrie et son agriculture pour vaincre le danger bolchéviste intérieur. Ils demandent donc les conditions nécessaires à la reconstitution de leur vie économique — l'allégement des charges imposées par les réparations, et le charbon de la Haute-Silésie. La propagande allemande est très habile à lancer dans le monde des formules qui servent ses intérêts. Pendant la guerre, c'était « une paix sans annexion ni indemnités », maintenant c'est « une Allemagne organisatrice de l'Est » et « la collaboration économique des vainqueurs et des vaincus ». Nous savons qu'un groupe important en Angleterre, dont M. Keynes est le porte-parole, a déjà été complètement acquis par le programme allemand; si ces idées devaient être acceptées par la diplomatie alliée, l'Allemagne serait rétablie dans sa situation d'avant-guerre...

Les diplomates de la Wilhelmstrasse ont à présent une politique polonaise nette et bien définie, comme ils ont eu seuls une politique polonaise pendant la guerre, parce qu'ils considèrent le problème polonais comme étant le plus important pour l'avenir de l'Allemagne. Mais pour le résoudre sur la base des considérations ci-dessus indiquées, il faut que la Pologne subisse un désastre militaire. C'est à quoi a travaillé la politique allemande depuis des mois.

Quiconque a bien observé les événements a pu constater les faits suivants : 1° une préparation de l'offensive des armées bolchévistes contre la Pologne; 2° des efforts pour présenter les Polonais comme des agresseurs et des impérialistes devant l'opinion européenne; 3° des tentatives pour empêcher les Polonais de se procurer les armes et les munitions nécessaires ; 4° des tentatives pour acheter en Angleterre et en Amérique du matériel de chemin de fer et d'autres produits nécessaires pour la conduite de la guerre contre la Pologne (mission Krassine) ; 5° des tentatives, heureusement échouées, pour fomenter un mouvement révolutionnaire en Pologne sous l'apparence de grèves économiques et pour commencer une action pacifiste. On voit bien les procédés classiques allemands : après avoir tout fait pour discréditer la victime et après avoir feint d'être attaqué, déclencher une offensive avec un but bien défini.

Les Allemands se garderont d'intervenir militairement eux-mêmes ; mais ils ont pour cette action un élément tout prêt, le gouvernement actuel de la Lituanie.

... Il suffit de regarder une carte de l'Europe orientale pour voir que stratégiquement la Lituanie ethnographique joue par rapport à la Pologne le même rôle que l'Irlande par rapport à la Grande-Bretagne, et que de là peut, dans un moment opportun, partir un coup décisif contre les voies de communication de l'armée polonaise. L'expérience séculaire a appris aux Polonais que celui qui tient Lwów et Wilno a la route libre vers le centre même de la Pologne.

La Pologne envahie par les hordes bolchévistes, c'est la Prusse restaurée, c'est la position de l'Allemagne à l'est reconquise, c'est la première étape, et la plus difficile, sur le chemin de la revanche.

Voilà un document à lire et à méditer aujourd'hui. Il faudrait pouvoir le relire quand un siècle aura passé.

CHAPITRE VIII

L'IMBROGLIO ADRIATIQUE

Des Italiens intelligents, nationalistes pour leur pays, nous ont dit bien des fois qu'ils comprenaient à merveille que l'ancienne politique française, dont Thiers a été le dernier représentant, fût opposée à l'unité italienne : on ne doit pas travailler à établir auprès de soi de grandes puissances. Mais, en 1914, l'unité italienne était un fait accompli et il n'y avait qu'une chose à tenter, celle que M. Delcassé avait préparée dès 1902 : obtenir la neutralité de l'Italie au cas d'une guerre franco-allemande. La neutralité étant un état incertain, il était encore mieux que l'Italie entrât dans la lutte du même côté que nous, et que la rupture avec ses alliés d'autrefois fût consommée. C'est ce qui s'est produit, grâce à un concours heureux de circonstances, grâce au patriotisme italien qui, dans l'intervention, avait vu le moyen d'achever le programme national : on aurait dû s'en souvenir. Les conditions que l'Italie avait mises à sa nouvelle alliance, conditions qui sont inscrites dans le traité de Londres, parlent assez clairement : c'était l'Adriatique qu'elle voulait avant tout. Son adversaire direct, ce n'était pas l'Empire allemand, c'était l'Empire austro-hongrois. Là s'est trouvé le principe des difficultés futures. Mais la vérité est que l'État italien, depuis qu'il existe, s'adapte avec peine à un système de politique européenne, quel qu'il soit. La paix a compromis cette adaptation au lieu de la faciliter.

L'unité italienne, au dix-neuvième siècle, avait marché du même pas que l'unité allemande. De là, chez le plus grand nombre des Italiens, l'idée qu'il subsiste une solidarité et une relation entre l'Allemagne et leur pays. Il fallait donc prévoir que l'Italie serait opposée à tout ce qui tendrait à dissocier l'Allemagne[1], et qu'on lui représenterait sans doute vainement qu'elle ne gagnerait rien si le germanisme avec lequel elle serait en contact et contre lequel elle aurait à défendre le Brenner, Trieste et l'Adriatique prenait la forme prussienne au lieu de la forme autrichienne. L'Italie n'a pas eu lieu d'intercéder pour l'unité allemande, qui n'a pas été mise en question à la Conférence de Paris. Mais il s'est passé quelque chose qui défie toute espèce de raison : la paix n'a laissé que malaise et rancune à l'Italie après que la guerre avait été prolongée de deux années pour ne pas manquer de parole à l'Italie.

1. Nous renvoyons là-dessus à notre livre *la Guerre et l'Italie*, publié en 1916.

Si les hommes d'État italiens, au moment où ils prenaient leurs précautions par écrit avant d'intervenir, n'admettaient pas l'idée d'une dissociation de l'Allemagne, ils ne pensaient pourtant pas davantage au démembrement de l'Autriche. Peut-être les plus avisés d'entre eux n'y tenaient-ils pas. En tout cas, au mois d'avril 1919, nous nous sommes trouvés devant la situation suivante : la guerre avait été conduite comme si la destruction de l'Empire austro-hongrois eût été le résultat principal que la coalition se fût proposé d'atteindre ; toutes les opérations diplomatiques suggérées par le roi d'Espagne ou par la cour de Vienne elle-même en vue de disloquer la coalition adverse, avaient été repoussées en 1917 sous le prétexte qu'une paix séparée avec l'Autriche-Hongrie était rendue impossible par les engagements du traité de Londres. Or, les Alliés qui avaient laissé tomber la conversation offerte par le prince Sixte, en se retranchant derrière le traité de Londres, les mêmes Alliés refusaient à l'Italie le bénéfice de ce traité à l'heure où ils étaient les maîtres absolus de la situation. C'est pour en arriver là que l'opportune et légitime manœuvre autrichienne, la dislocation des alliances ennemies, pour laquelle Alphonse XIII avait proposé ses bons offices, avait été repoussée ! Prodigieux scandale pour la raison.

Il était dangereux de décevoir un peuple émotif et politique à la fois comme le peuple italien. L'effet a été rapide et profond. La déception a retourné les esprits. Elle a troublé toute la vie italienne. Et elle a ramené au pouvoir, au milieu des acclamations, l'homme qui avait été d'avis que l'Italie avait tort d'intervenir et que la guerre ne la payerait pas. Ce qu'il faut voir en M. Giolitti, ce n'est pas le neutraliste, le gibelin. C'est l'homme d'État réaliste qui est apparu dans son pays comme un sauveur. Dépourvu de sentiment et de doctrine, il dirigera l'Italie dans le sens du moindre risque et du moindre mal. Ainsi l'intervention n'aurait été qu'une parenthèse ouverte et fermée aux noces d'or de l'unité italienne. Tout serait à recommencer. Il faut savoir comment et pourquoi.

* *

L'Autriche, qui n'était pas une nation mais un État, qu'on pouvait rogner, modeler, déplacer selon les besoins de l'heure, cette commode Autriche n'est plus. A sa place, des nations ont surgi. Et quand on taille dans la chair d'une nation, elle crie, elle résiste. L'Italie, autrefois, avait été affranchie et unie au nom du principe des nationalités. Voilà qu'une nationalité nouvelle paraissait, la yougo-slave, et c'est sur elle, à ses dépens, que l'Italie revendiquait des provinces et l'Adriatique. Ce qu'on pouvait enlever sans souffrance à l'Empire des Habsbourg, comment le prendre au peuple des Serbes, des

Croates et des Slovènes ? L'Italie avait pu se réjouir de la chute de ses vieux ennemis les Habsbourg. Elle avait pu être indifférente à l'élément d'équilibre que l'Europe perdait avec eux. Elle n'y gagnait qu'une concurrente d'une espèce nouvelle, bien plus dangereuse : une jeune nationalité, telle qu'elle-même avait été soixante ans plus tôt lorsqu'elle était l'enfant de prédilection de Napoléon III, qui a été le Wilson de son temps.

Nationalité d'abord, l'Italie est devenue à son tour un État. Selon la doctrine romanesque que la Conférence a constamment appliquée, une nationalité a tous les droits. Un État n'en a aucun. C'est ainsi que l'Italie a été maltraitée et que la nationalité yougo-slave, parce qu'elle était nouvelle, a eu la préférence. Grand trouble, violente indignation dans l'esprit des Italiens qui n'ont pas compris le raisonnement d'après lequel les Croates, qu'ils avaient combattus sous le drapeau des Habsbourg, devaient être considérés comme des alliés depuis qu'ils s'étaient fondus avec les Serbes, fondus jusqu'à un certain point, au demeurant. Il est résulté de là, le plus naturellement du monde, que la question de l'Adriatique est devenue à peu près insoluble, ou qu'elle ne pourra recevoir que des solutions incomplètes, provisoires, aussi peu satisfaisantes pour une partie que pour l'autre. De là encore, entre les deux riverains de l'Adriatique, une hostilité permanente, principe de futures difficultés et de conflits. Les Italiens ont été longs à découvrir la cause du mal. Ils s'y sont mis, peut-être un peu tard. Plus d'un an après. que M. Orlando et M. Sonnino avaient rompu avec le Conseil suprême pour se résigner ensuite et pour tomber du pouvoir enfin, la presse italienne a fini par donner cette image fort exacte de la situation dans laquelle l'Italie a été placée par la disparition de l'Autriche :

En ce qui nous concerne, la Yougo-Slavie est purement et simplement l'héritière de l'Autriche avec cette circonstance aggravante que l'Autriche-Hongrie, grand État dualiste, contenant plusieurs nationalités et ayant quatre frontières, suivait nécessairement une politique assez compliquée, où l'opposition à l'Italie ne représentait qu'un seul élément, non le plus important, et qui se trouvait d'ailleurs largement contre-balancée par d'autres en notre faveur. C'est précisément pour cela que l'État autrichien, nonobstant les pressions exercées sur lui par des groupes politiques influents et les conseils des chefs militaires, s'était toujours abstenu de se brouiller avec nous. Mais la Yougo-Slavie, au contraire, considère l'Italie comme son principal ennemi; elle possède du côté de l'Italie sa frontière la plus étendue et la plus importante, ainsi que ses plus grands points de froissement; et c'est contre nous qu'elle concentre la plus grande somme de passion nationale, réunissant, par l'aversion envers l'Italie, et par le programme anti-italien, les graves divergences des trois peuples qui la composent[1].

Est-ce tout? Ce serait trop simple. Ce serait

---

1. Luigi Salvatorelli, *Stampa* du 21 juillet 1920.

trop beau. Qu'est-ce que la nationalité yougo-slave? Pour les Italiens, c'est l'héritière de l'Autriche abhorrée. Pour les autres alliés, c'est l'héritière de l'héroïque Serbie, l'amie de la première heure, d'autant plus chère qu'elle a coûté plus de sacrifices. Les Italiens voient choyer leur ennemie naturelle : on ne s'entend plus. Alors l'idée d'un monstrueux complot hante leur esprit :

La Yougo-Slavie figure dans les conseils de l'Entente non comme une vaincue, mais comme une alliée sur le même pied que l'Italie, et qui doit même, à cause des titres vrais ou faux de la Serbie, être préférée à l'Italie. Et dans le jeu des forces internationales, la Yougo-Slavie remplace l'Autriche, avec cette différence que l'empire habsbourgeois faisait partie d'une constellation politique fermée, et même opposée à celle de la France et de l'Angleterre, tandis que la Yougo-Slavie se trouve aujourd'hui dans le même groupe que ces dernières. Résultat : l'Italie a, sur deux frontières et dans deux mers, non plus des ennemis appartenant à des groupes opposés et qui par conséquent se neutralisaient mutuellement, mais des ennemis alliés entre eux [1].

Des ennemis, partout des ennemis. Tel est l'état d'esprit que la paix a créé chez les Italiens. Et ces citations pourraient être multipliées. Quatre jours après l'article de la *Stampa*, toujours si proche de M. Giolitti et des pensées de M. Giolitti, le chroniqueur bien connu qui

---

[1]. Extrait du même article.

signe Rastignac analysait dans la *Tribuna* une note de griefs et de reproches, adressée le 7 juillet 1919 au Conseil suprême, où M. Tittoni se plaignait que « le représentant de l'Italie fût traité comme pourrait l'être celui d'un État ennemi et vaincu sommé de rendre compte d'agissements criminels[1] ». Ces paroles amères et graves de l'ancien ministre des Affaires étrangères, le célèbre journaliste les développait, les amplifiait, et il arrivait à cette extrême conclusion : « Il n'est peut-être pas illogique de déduire que les Alliés souhaitaient que deux puissances, l'Allemagne et l'Italie, sortissent vaincues et abattues de la guerre ». Tel est l'état d'esprit des Italiens. Ce n'est pas seulement pour eux que l'Adriatique sera encore « très amère ».

On parlait autrefois de « l'équilibre adriatique ». Tous les équilibres ont été niés par la paix, celui-là comme les autres. Et nous avons un imbroglio adriatique qui n'eût pas existé si l'Autriche avait survécu, qu'il n'eût été possible de prévenir, l'Autriche une fois démembrée, que si les Yougo-Slaves avaient été franchement

---

1. Pour connaître et pour comprendre le point de vue italien, il n'est pas inutile de citer encore ce passage du même document : « Quant au traité de Londres de 1915, il s'agit... d'un traité en bonne et due forme. Aucune espèce de justification ne pourrait légitimer l'affirmation que ce traité est par endroits périmé ou sur le point de l'être. Si des conditions de fait existant en 1915 ont subi des changements, il est facile d'en tenir compte. Mais il y a loin de là à vouloir altérer l'esprit du traité jusqu'à priver un seul des contractants des fruits de la victoire remportée en commun ». En d'autres termes, l'Italie estime qu'elle a été trompée et volée.

sacrifiés aux Italiens, mais qui s'est développé et aggravé par le fait que tous les intéressés se jugent lésés et restent mécontents. Nous n'avons même pas choisi !

Il y a eu un temps où le ministre français qui avait préparé l'entente franco-italienne était accusé d'avoir débauché l'Italie et fourni par là un grief à Guillaume II. Cette fois nous n'avons pas débauché l'Italie. Pourquoi? Pour rien. Du moment que les engagements de 1915 étaient déchirés, il pouvait valoir la peine de se fâcher avec l'Italie si elle méconnaissait les conditions d'un équilibre de l'Europe. Il pouvait valoir la peine de négliger ses protestations si c'était pour créer un ordre continental qui nous eût permis de nous passer d'elle et de rendre impuissante son hostilité. Nous ne dirons pas que c'eût été beau, que c'eût été noble. Ce n'eût pas été plus immoral que le reniement des signatures données et, du moins, c'eût été rationnel. D'ailleurs, un Empire austro-hongrois subsistant, il eût été possible de trouver des combinaisons qui eussent procuré à l'Italie encore plus qu'elle n'a reçu. Avec sa plasticité, une Autriche reportée vers le nord-est, vers la Pologne, vers Dantzig et la Baltique, eût renoncé sans douleur à Trieste et à Fiume, comme elle avait renoncé autrefois à Venise; cette solution, si naturelle, avait été esquissée pendant les pourparlers secrets de 1917. Mais l'amitié italienne a été compromise sans contre-partie et pour le néant.

Aujourd'hui les nerfs du peuple italien sont malades. Ils n'ont pas résisté aux efforts de la guerre suivis des désillusions de la paix. Ce serait une erreur de croire qu'ils sont brisés pour toujours. L'Italie se remettra sans doute du grand trouble moral, social et politique dont elle souffre en ce moment-ci. Alors elle s'apercevra qu'elle compte 40 millions d'habitants et que les Alliés ont eu tort de la rendre plus forte, puisque c'était pour ne pas lui donner tout ce qu'elle demandait, pour avantager ses concurrents directs (la Grèce, la Yougo-Slavie), pour la mettre enfin dans une situation telle qu'elle sera conduite à rechercher les éléments de sa propre politique conformément à ses aspirations et à ses intérêts, et sans avoir égard aux amitiés d'un temps. Et elle dira toujours que ce n'est pas elle qui a commencé les infidélités.

L'Italie est entrée dans une période de recueillement, de repliement sur elle-même, où elle n'entreprendra aucune grande action au dehors, où elle s'appliquera à rester en contact avec ses alliés de la guerre. Cependant elle établira ses comptes et elle mesurera ses risques. Ses conquêtes, qu'elle a trouvées inférieures à ses espérances, il faudra les conserver. Elle cherchera des assurances. Pour garder le Brenner et Trieste contre l'éternelle descente des Germains, elle songera à la méthode par laquelle elle gardait autrefois la Vénétie. Pour ne pas avoir la guerre avec l'Autriche, elle était alliée de l'Autriche. Une situation semblable et seulement plus complexe lui suggère déjà l'idée d'entretenir de bons rapports avec le peuple allemand devenu son quasi-voisin. Et la Yougo-Slavie? On peut imaginer qu'un rapprochement de l'Italie et de l'Allemagne intimiderait et neutraliserait cette héritière de l'ancienne Autriche, seulement plus faible qu'elle, et à qui une situation, qui est identique aussi, inspirerait les mêmes sentiments et suggérerait les mêmes idées. Pour se garantir elle-même, se sachant constituée à la fois aux dépens du peuple italien et aux dépens de la race germanique, ne serait-elle pas conduite à entrer dans leur système, moyennant la garantie mutuelle des frontières? Elle pourrait même leur rendre des services, devenir leur poste avancé vers l'Orient. Un rapprochement en détermine d'autres et nous savons avec quelle facilité se tracent les « itinéraires forcés ». Ainsi se reformerait, en vertu des mêmes causes, le vieux syndicat triplicien : à défaut d'équilibre général, chaque pays cherche l'équilibre qu'il peut, et les « constellations de puissances », comme avant 1914, se reconstitueront par des besoins semblables. Ce que nous en disons est si peu une simple vue de l'esprit que, dans la période grave qui a précédé le sauvetage de Varsovie, en août 1920, le chef du gouvernement tchéco-slovaque, M. Tusar qui organisait une ligue des neutres contre la Pologne et, par conséquent, en faveur de l'Allemagne, offrait au comte Sforza sa médiation pour concilier l'Italie et les Yougo-Slaves. L'idée de ce rapprochement a d'abord choqué le patriotisme italien autant que l'avait choqué, quarante ans plus tôt, le rapprochement avec l'Autriche. L'Italie pourra s'accoutumer à l'un comme elle s'était accoutumée à l'autre. Il faut savoir distinguer entre les alliances sentimentales et les alliances politiques.

Quant à nous, le moment paraît passé où nous avions le moyen de nous attacher l'Italie en nous mettant avec elle pour qu'elle reçût ce qu'elle voulait, ce que lui avait été promis dans l'Adriatique. Du temps irréparable a fui. L'alliance italienne est fêlée. Satisfaite, c'est de notre côté que l'Italie eût cherché la garantie de ses possessions. Le pacte conclu pour la victoire eût eu une raison de durer après la victoire. On se lie pour le butin. On se lie par les partages. Et c'est peut-être ce qu'il y avait de plus judicieux et de plus prévoyant dans les accords de 1915 et de 1916.

Aujourd'hui, l'Italie nous échappe. Elle cherche sa voie avec indifférence. Elle revient à la politique de « versatilité réfléchie » qui, depuis ses ducs de Savoie, l'incline tour à tour vers l'Europe centrale et vers l'Europe occidentale. La guerre pouvait lui donner la qualité d'un élément fixe. La voilà de nouveau déracinée et il faut s'attendre à ses oscillations. Aucune amélioration de l'Europe d'avant-guerre n'a été réalisée non plus sur ce point-là. Il n'y a aucun progrès. L'Italie n'est pas plus adaptée qu'avant à un système conservateur européen. Et son incertitude fera la nôtre. Ses difficultés engendreront nos difficultés. Les relations franco-italiennes redeviendront la partie la plus difficile de notre tâche diplomatique. Que les Italiens entrent en conflit avec les Yougo-Slaves, qu'ils s'allient avec eux par l'intermédiaire de l'Allemagne (car ce ne peut être, comme avec l'Autriche, que tout l'un ou l'autre, l'alliance ou le conflit), notre embarras sera égal, nous subirons les conséquences de la même façon. Cette Adriatique, la seule mer peut-être où nous n'ayons rien à faire, où nous n'ayons pas d'intérêts, l'amertume en reste à l'Italie et les orages pour nous.

CHAPITRE IX

HYPOTHÈSES ET PROBABILITÉS

Il y a eu un moment, pendant les mois qui ont suivi l'armistice, où le désordre a été tel, que les hommes ont pu croire que l'Europe entière allait sombrer. De partout montaient la famine et la révolution. Pour le dictateur américain des vivres, M. Hoover, il y avait cent millions d'êtres humains de trop sur notre vieux continent, et l'Amérique, inquiète pour sa propre subsistance, finissait par se résigner à les laisser mourir. De funestes pressentiments assiégeaient les esprits. L'historien Ferrero évoquait la fin du monde antique. Jamais, aux heures les plus sombres de la guerre, il n'y avait eu cette désolation. La Bourse baissait à Londres et à Paris quand Spartacus triomphait en Allemagne. Un soir, dans un journal qui est un rendez-vous parisien, quelqu'un lut une dépêche : le château royal de Berlin venait d'être pris, le drapeau rouge y était arboré. On entendit un gémissement. C'était un diplomate ami de la France qui n'avait pu résister à ce coup.

A la guerre des nations, terrible mais organisée, il semblait qu'une autre guerre allait succéder, plus atroce, pour achever de détruire ce qui restait de l'ancienne société : la guerre sociale, la guerre pour le pain. Il n'y avait pas eu de peur pendant la vraie guerre. Il y eut de la terreur dans les quelques mois qui l'ont suivie, et cette terreur a donné de mauvais conseils. Elle a fait désirer que l'Allemagne se consolidât pour résister à la contagion du bolchévisme. L'Allemagne a résisté. Elle s'est consolidée. Et c'est alors qu'a commencé sa résistance : nous ne nous en trouvons pas mieux.

La révolution allemande a été d'un type inconnu jusqu'à ce jour et elle n'a pas ressemblé à ce qu'elle devait être selon la prophétie de Henri Heine. Le système monarchique ayant été renversé dans les conditions que nous avons vues, non pas par conviction mais par opportunité, cette brusque décompression, jointe à l'effet démoralisant de la défaite, avait fini par soulever une révolution véritable et un sérieux commencement d'anarchie. On put se demander si les Allemands, habitués à être gouvernés, seraient capables de se gouverner eux-mêmes. Rétablir l'ordre fut une tâche difficile. Les moyens par lesquels l'Allemagne y a réussi ont attesté une méthode, une politique. La répression régulière et légale, celle de l'émeute des rues, fut accompagnée d'une répression extraordinaire, terroriste, qui visa les têtes et supprima les chefs. Un à un, Liebknecht, Rosa Luxembourg, Eisner, Haase furent assassinés.

Çà et là, d'autres hommes d'action de l'extrême-gauche disparurent. Erzberger, considéré comme un élément dissolvant, reçut lui-même une balle qui l'avertit et découragea ses imitateurs. Ainsi l'Allemagne a réagi lentement mais sûrement. Le coup d'État de Kapp et de Lüttwitz, au mois de mars 1920, était maladroit et prématuré. L'échec n'a pas empêché les partis de droite de mener une campagne efficace et, trois mois plus tard, après les élections du 6 juin, de rentrer au gouvernement.

La monarchie des Hohenzollern a laissé l'Allemagne vaincue. Mais elle a laissé aussi un État, une administration, des cadres civils et militaires, des élites intellectuelles et industrielles, des traditions politiques, tout un capital grâce auquel l'Allemagne, pour commencer, est venue à bout de son anarchie intérieure. Si des rechutes restent possibles, la méthode qui a réussi à rétablir l'ordre est toujours bonne. Pour l'appliquer, le gouvernement dispose de moyens plus puissants qu'hier. Surtout l'esprit public s'est ressaisi. L'Allemagne n'a pas désespéré longtemps et le suicide d'un Ballin après le désastre, devant le port de Hambourg vide de ses vaisseaux, n'a été qu'un cas de pessimisme isolé. Il importe relativement peu, à cet égard, que l'Empire allemand retourne à la monarchie ou qu'il devienne, comme l'a appelé le président Ebert, « la plus grande République du monde après celle des États-Unis », s'il doit prendre la forme d'une vaste entreprise conduite, dans l'esprit des Hohenzollern, par des capitaines d'industrie dont le type est annoncé par Hugo Stinnes. En tout cas, l'Allemagne n'a même pas attendu que sa réorganisation intérieure fût terminée pour passer à l'action extérieure et à l'offensive contre le traité de Versailles.

La répression de l'anarchie, le rétablissement de l'ordre élémentaire, ce n'est qu'une première étape. Mais il ne faut pas oublier que, dans de pareilles circonstances, la première est la plus difficile. Elle est aussi la plus importante. En 1871, pendant la Commune, beaucoup de Français ont presque désespéré. *Finis Franciae*, murmurait Renan, abîme au-dessous de l'abîme. Et il ajoutait, avec une exagération qui attestait son trouble, car il n'a pas manqué, au cours des siècles, de dates où l'avenir de la France a paru bien plus gravement compromis : « Le 18 mars 1871 est, depuis mille ans, le moment où la conscience française a été le plus bas. Nous doutâmes un moment si elle se reformerait ». La France est venue à bout de la Commune beaucoup plus vite que l'Allemagne n'est venue à bout de Spartacus et d'un communisme qui avait cent têtes. Il n'y a pourtant pas de signe que l'Allemagne, dans les esprits où elle se conçoit comme une grande force nationale, ait renoncé à l'avenir. Ce qu'il y a peut-être de plus étonnant dans sa vitalité, c'est que l'idée des énormes erreurs d'appréciation et de calcul qu'elle a commises dans tous les domaines, le militaire aussi bien que le politique, avant la guerre et pendant la guerre, ne l'a pas amenée à douter d'elle-même, de ses capacités, de ses aptitudes, doute qui n'aurait pas manqué d'accabler un peuple doué d'esprit critique. La France a mis longtemps à se relever du coup que la défaite de 1870 avait porté à son moral et à sa confiance. Une longue timidité avait suivi le désastre. Rien de pareil ne s'observe chez les Allemands. L'expérience les a à peine instruits et on les sent prêts à recommencer leurs fautes, même leurs fautes militaires, dans la conviction que ce n'est pas leur intelligence qui les a trahis, mais les événements, et que, dans d'autres circonstances, ce qui n'a échoué que par hasard réussira.

Après un ébranlement aussi profond, la consolidation relativement rapide de l'Allemagne est un fait qui appelle l'attention la plus soutenue. L'Allemagne a paru à plusieurs reprises sombrer sans recours dans le chaos. L'unité qui avait survécu par miracle à la défaite semblait devoir se rompre par la guerre civile. Les sinistres prédictions qu'avaient prodiguées Bismarck et Bülow pour le cas où tomberait la monarchie fédératrice des Hohenzollern semblaient sur le point de se réaliser. Il n'est pas encore dit que Bismarck et Bülow n'aient pas eu raison. De son temps, le premier chancelier de l'Empire estimait que l'unité allemande ne pouvait se passer du lien dynastique. Le quatrième chancelier, dont les observations sont plus récentes, annonçait un particularisme politique qui répéterait l'ancien particularisme territorial et qui en précéderait le retour. « L'ergotage et la petitesse, l'acharnement et l'animosité qui existaient autrefois dans les querelles des peuples et des États allemands, se sont transmis à notre vie de parti », écrivait le prince de Bülow dans sa *Politique allemande.* Il notait en outre une tendance propre à l'esprit allemand, celle qui consiste à « internationaliser les idées de parti », c'est-à-dire à prolonger ces idées au delà de la frontière, en sorte que les catholiques allemands, pour ne prendre qu'eux, seraient de véritables « ultramontains ». Ces remarques du prince de Bülow ne doivent certainement pas être négligées. Dans le cas où l'Allemagne traverserait de nouvelles crises intérieures, où elle serait véritablement impuissante, après une accalmie et un semblant de mieux, à rétablir chez elle un ordre durable et à remplacer l'autorité ancienne par une autorité nouvelle, il est clair que les luttes de partis s'aggraveraient dans des proportions considérables. Des scissions telles qu'en prévoyaient les deux chanceliers seraient possibles. Nous en avons un exemple par la répulsion violente que manifeste la Bavière à l'égard du socialisme réputé comme un produit de Berlin. Ainsi, en Allemagne, l'antagonisme des idées et des mœurs prend, par la force des choses, un caractère territorial. Il prendrait même aisément un caractère international, au sens où l'entendait le prince de Bülow. Car un conservateur bavarois se sentirait plus d'affinités avec une France conservatrice qu'avec une Prusse socialisante. Le particularisme, entretenu jadis par les querelles de religion, le serait encore, toujours d'après le jugement que le prince de Bülow portait sur les Allemands en temps calme, par « la lutte des états sociaux et des classes ».

En d'autres termes, l'unité de l'Allemagne tiendrait à l'identité des sentiments et des idées politiques entre les groupes principaux des populations qui composent l'Empire. Dans une Allemagne ordonnée, les Bavarois conservateurs sont satisfaits, fidèles, aussi nationalistes et pangermanistes que les vieux Prussiens d'outre-Elbe. Dans une Allemagne anarchique ou socialiste, la Bavière conservatrice deviendrait un corps étranger qui obéirait vite à ses tendances particulières. Dans cette mesure, les observations pessimistes des deux chanceliers gardent leur prix.

Mais si l'Allemagne continue à se consolider, ce sera encore par le gouvernement de Berlin et elle se retrouvera peu à peu dans un état sensiblement pareil à celui où elle était en 1914. Des deux images qu'elle a devant les yeux, celle de l'Empire puissant et prospère et celle du chaos qui a suivi la révolution, il y a gros à parier que la première sera la plus forte. Pour la réaliser, l'administration et la tradition prussiennes seront aussi les mieux désignées. C'est pourquoi il est très peu vraisemblable que la Bavière, comme quelques personnes sont portées à le penser, puisse un jour prendre la tête d'une réorganisation de l'Allemagne. Elle n'a aucun des moyens qu'il faudrait pour une si lourde tâche. Il est même improbable qu'elle arrive seulement à diriger une fédération partielle des pays du Sud. Ce n'est pas que l'ambition lui ait manqué, au cours de son histoire, d'occuper la première place dans les pays germaniques. Elle n'y a jamais réussi. Le caractère de ses habitants, sa situation géographique, l'absence d'institutions civiles et militaires assez originales et assez vigoureuses pour un si grand rôle, la laissent dépourvue des aptitudes nécessaires à l'exercice d'une hégémonie. L'Allemagne améliorée par l'influence modératrice de l'élément bavarois est une chimère. L'élément bavarois ne peut être bienfaisant que s'il agit dans un sens particulariste, et nous avons vu à quelles conditions le particularisme pourrait se développer. D'ailleurs, et c'est un principe absolu, qu'elle ait sa capitale au Sud ou qu'elle l'ait au Nord, une grande Allemagne ne vaut pas mieux pour nous. La maison d'Autriche, contre laquelle la France a lutté pendant deux siècles, avait son siège principal à Vienne. S'il était possible que Munich succédât à Vienne et à Berlin, qu'y gagnerions-nous? Seule une Bavière autonome et réfractaire à la Prusse serait digne d'attention et d'intérêt.

*
* *

Cependant les pays germaniques et leur périphérie, tout en aspirant à l'ordre, n'ont pas retrouvé une stabilité incontestable. Des crises leur sont encore réservées et peut-être des crises d'un genre nouveau. Nous avons vu les effets que serait capable de produire en Allemagne un état révolutionnaire prolongé ou aggravé. Selon toutes les apparences, cet état de révolution inguérissable favoriserait le séparatisme. Au point de vue territorial, au point de vue des groupements de pays et d'États, que produirait une réaction ?

Il ne serait guère concevable que la réaction, si elle l'emportait définitivement à Berlin, fût limitée à l'Allemagne. Il ne le serait pas davantage qu'elle le fût à l'ordre social. En dépit des troubles qui renaissent et qui renaîtront encore sur divers points du vieux monde, en dépit de la durée du bolchévisme russe, la révolution est en train de perdre la partie, et jamais elle ne l'avait eue si belle. L'ancienne société, que l'on avait crue détruite, a montré une force de résistance presque étonnante. En beaucoup d'endroits, en France surtout, c'est à peine si elle a été ébranlée. Nous venons d'assister à une lutte émouvante. La victoire finale est à peine douteuse. La réaction qui se laissait pressentir à l'aube de la période guerrière, en 1912 et 1913, a d'abord subi une éclipse par le triomphe des puissances libérales, par l'écroulement de trois grandes monarchies et par le principe de la démocratie universelle qui domine les traités de paix. Le chaos s'en est rapidement suivi et le vieux monde civilisé s'est vu tout près de la ruine. Alors la contre-révolution a commencé, et, si l'on s'en rapporte aux précédents, il n'est guère possible qu'elle n'affecte pas, un jour ou l'autre, la carte même de l'Europe.

L'instinct de conservation, ayant été le plus fort, s'exercera aussi dans le domaine de la politique générale. Les peuples et les gouvernements, après avoir restauré l'ordre à l'intérieur, seront poussés à chercher de la stabilité à l'extérieur et la confusion qui résulte d'une distribution arbitraire des États dans l'Europe centrale et orientale sera ressentie comme une anarchie internationale aussi malfaisante que l'autre et propre à engendrer l'autre. L'application intégrale du principe des nationalités est une expérience qui n'a pas donné des résultats favorables. En multipliant les États faibles et rivaux, elle a multiplié aussi la guerre civile et la guerre étrangère. Pour en finir avec ces deux fléaux, une réorganisation s'imposera. Après avoir restauré un ordre social beaucoup plus semblable à celui d'autrefois qu'on ne l'aurait cru, l'Europe tendra encore à revenir sur la création d'États qui ne sont pas viables ou qui seraient une cause de troubles incessants par leur impuissance à se défendre et à se gouverner eux-mêmes,

Cette contre-révolution diplomatique sera la conséquence nécessaire de l'autre. Elle se fera par les mêmes moyens, c'est-à-dire non sans déchirements et sans douleurs, et c'est dans les parties les plus transformées et les moins stables de l'Europe qu'elle se produira d'abord. Un historien célèbre a pu annoncer, trente ans à l'avance, que la question d'Autriche se poserait à la suite de la question d'Orient. Il a fallu cependant, pour détruire l'Empire austro-hongrois, une crise sans pareille, des batailles où la plupart des peuples ont été engagés. La reconstruction d'un édifice politique quelconque à la place des ruines que l'ancien a laissées sera probablement une des tâches du prochain avenir. Il y a très peu de chances pour qu'elle s'accomplisse autrement que par l'effet d'une autre crise et par un autre recours à la force.

Beaucoup de combinaisons différentes de celles que les traités ont établies peuvent se concevoir dans l'Europe du Centre et de l'Est. Il y a seulement deux cas de moindre vraisemblance. D'abord celui où ce qui a été fait durerait beaucoup plus que les conditions dans lesquelles les nouveaux États ont été créés et leurs frontières dessinées. Dès que les Alliés n'auront plus la volonté ou la capacité de s'opposer à des changements, dès qu'ils ne seront plus d'accord pour exercer leur surveillance et leur tutelle sur des peuples trop divers, il ne faudra pas donner longtemps avant que ces peuples reçoivent un nouveau statut. L'autre cas, aussi peu vraisemblable, est celui où ces peuples, de leur propre mouvement, dans leur pleine liberté, avec l'assentiment de tous, constitueraient quelque chose qui ressemblerait à l'ancienne Autriche. Si quelques millions d'Allemands et même les Slovaques n'avaient pas été introduits d'autorité dans l'État tchèque, ils n'y fussent pas venus de leur gré. S'ils doivent en sortir, ils n'en sortiront aussi que par le jeu d'une force extérieure. C'est pourquoi, inversement, les héritiers de l'Empire d'Autriche, quel que puisse être leur intérêt à vivre ensemble, ne se réuniront pas d'un commun accord. On a cru longtemps à une fédération balkanique qui n'est jamais venue. Une fédération danubienne qui se formerait toute seule, simplement parce que ce serait la solution la plus raisonnable, participe de la même chimère. Qui dit fédération dit fédérateur. Le Danube, jusqu'ici, n'en a connu qu'un : c'était le Habsbourg. Lorsque l'Empereur avait été chassé de Vienne en 1848, l'Empire se serait déjà désagrégé s'il n'y avait eu l'armée, Windischgraetz et Radetzki, dans le camp duquel, selon le vers fameux, était l'Autriche. Un autre Habsbourg est tombé en 1918. Celui-là ne gardait ni armée ni capitaines. On ne doit pas retenir sérieusement l'hypothèse où Charles Ier ni quelque autre membre de sa famille, rappelé soudain au trône, reconstituerait l'Autriche par la seule vertu du principe de légitimité. Ce principe, à lui seul, est aussi impuissant à relever un Empire que le serait l'idéal du fédéralisme républicain. Quel que soit l'avantage qu'elles auraient à être rassemblées, les populations de l'ancien Empire vivront en état d'hostilité, au moins de méfiance, formant entre elles des coalitions changeantes, jusqu'au jour où se présentera et s'imposera le véritable fédérateur, qui sera l'élément le plus robuste et le plus capable de rassembler les autres en les dominant.

La France a été maintes fois accusée, depuis l'armistice, de chercher à mettre sur pied une confédération danubienne. C'était son droit et son devoir. L'équilibre et la tranquillité de l'Europe le demandent. Mais que la France puisse y réussir par la persuasion diplomatique, c'est extrêmement peu croyable. Pas plus que de la dissociation en Allemagne, on ne fera en Autriche de la concentration sur commande. L'occasion sera fournie par les événements et par le jeu des forces naturelles. Il s'agira de connaître ces forces, de distinguer entre elles et de les diriger dans un sens qui soit le bon. Car il n'est nullement dit que la grande puissance danubienne qui viendrait à se reconstituer serait nécessairement dans nos intérêts. Il faudrait encore prendre garde que sa naissance ne fût pas propre à alarmer des peuples capables de s'y opposer et de s'y opposer d'une manière efficace.

En partant de ces principes, on est conduit à conclure que, s'il doit y avoir fédération, l'élément fédérateur sera la nationalité, non pas forcément la plus nombreuse, mais la plus robuste et la plus douée d'esprit militaire. Deux seulement, la Yougo-Slavie et la Hongrie sont dans ce cas. Et il semble que la seconde, malgré son désastre, réunisse des conditions qui manquent à l'autre. Les Hongrois ont un sens national vigoureux, une volonté âpre. Ils offrent, sur les voisins qui se sont agrandis à leurs dépens, l'avantage, moins paradoxal qu'il n'en a l'air, de n'avoir pas à assimiler des populations nouvelles. Leur unité est pure. Ils peuvent inquiéter les quatre États petits ou moyens qui les encerclent, mais aucune grande puissance n'a de raison directe et personnelle de s'opposer à leur relèvement et à leurs progrès. Au contraire, le royaume des Serbes, des Croates et des Slovènes, même s'il était d'un acier assez bien trempé pour conduire à l'extérieur des desseins d'une certaine envergure, serait aussitôt en butte à l'hostilité de l'Italie qui se hâterait de monter contre lui toutes les coalitions possibles. En outre, autant que l'on peut apprécier des chances aussi incertaines, la Hongrie a pour elle d'être entrée des premières dans le courant de cette réaction européenne qui, si elle doit définitivement l'emporter, ne l'emportera pas sans quelques nouvelles luttes. Que le courant contre-révolutionnaire grossisse ou que la révolution ait des retours offensifs, qu'une Europe blanche se heurte à une Europe rouge, la Hongrie, telle qu'elle est orientée, semble en bonne posture pour cristalliser les éléments conservateurs de son voisinage, même les éléments germaniques. On a pu concevoir ainsi une ébauche de fédération qui rayonnerait jusqu'en Bavière.

Et, bien entendu, il n'est pas du tout sûr que même si les choses doivent se passer d'une manière à peu près semblable à celle que l'on imagine parfois, elles doivent tourner toutes seules et fatalement dans le sens de nos intérêts. Au lieu de détacher et de rassembler des territoires pour son compte, la Hongrie pourra fort bien les rassembler pour le compte de l'Allemagne, être aspirée elle-même et subir l'attraction d'une Allemagne réorganisée et vigoureuse. A cet égard, et au point de vue où nous nous plaçons en ce moment-ci, tout dépendra sans doute de la vitesse du mouvement de restauration politique dans les pays susceptibles d'exercer une influence et de prendre une initiative. Une Allemagne rapidement retournée à l'ordre dans toutes ses parties en aurait aussi le bénéfice à l'extérieur. Non seulement cette Allemagne retiendrait, au lieu de les perdre, ses éléments conservateurs du Sud, mais encore elle attirerait et elle absorberait les éléments hétérogènes également avides d'ordre, de conservation — et de revanche. Comme il y a cinquante ans, Berlin serait pour les Hongrois l'itinéraire forcé. L'Autriche-Hongrie se reconstituerait alors en tout ou en partie, mais au profit de l'Empire allemand et comme une dépendance de cet Empire. Sans compter, ce qui tombe sous le sens, que, le jour où la réunion de la République autrichienne serait un fait accompli, le jour où l'Allemagne de Berlin serait installée à Vienne, elle serait à la veille de l'être à Budapest, et elle aurait enfin constitué le fameux *Mitteleuropa*. Tout dépend du point d'où sera parti le mouvement.

L'avenir de l'Europe centrale reste à la merci d'une nouvelle bataille de Sadowa, ou de l'équivalent politique et moral d'un autre Sadowa. Cette partie du continent est trop pulvérisée, trop mal agencée pour qu'elle ne se concentre pas un jour. Raison de plus pour la France de surveiller de près les points où pourront commencer les concentrations futures. Raison de plus pour elle de n'être absente nulle part. Le rôle que peut remplir la Hongrie, toute réduite qu'elle est, et justement parce qu'elle est réduite, et aussi parce qu'elle occupe sur le Danube une position médiane d'une qualité exceptionnelle, commande de ne pas la négliger, soit qu'elle tourne mal, soit qu'elle tourne bien, car elle semble appelée à compter dans l'avenir. En fait de prévision et d'action politique, il faut s'en tenir au précepte qu'a laissé un homme du dix-huitième siècle qui passait à tort pour léger : « Tout calculer et ne pas tout craindre ». Il faut se redire aussi avec Frédéric II qu' « il y a une sorte de fatalité, ou, à défaut de fatalité, des causes secondes qui tournent souvent les événements d'une manière que l'on ne peut ni concevoir ni prévoir ». A quoi Frédéric ajoutait : « Lorsqu'il se présente des circonstances favorables, il se fait une sorte d'éclaircie subite dont profitent les habiles ». C'est de ces circonstances favorables qu'il importe de se mettre à même de profiter.

*
* *

On a répété pendant plus de trente ans que la question d'Orient engendrerait une guerre générale. Tous les prophètes avaient parlé en conformité. Cet avertissement n'a servi de rien. Une image célèbre disait encore : « Les Balkans et la flèche de Strasbourg dominent la politique de l'Europe ». Désormais, la figure doit être changée. On pourrait dire que la politique de l'Europe est dominée aujourd'hui par la coupole de Sainte-Sophie et par les hauts fourneaux silésiens. On pourrait employer d'autres métaphores. En même temps que se modifiaient les données usuelles de la politique, l'aire s'en est considérablement étendue vers l'Est. De toutes parts sont ouverts de vastes trous. Et plus on avance vers l'Orient, plus ils sont profonds. Il ne faut pas craindre le vertige pour y regarder.

Le système européen qui a duré tant bien que mal, depuis 1871 jusqu'à la guerre, reposait sur l'hexarchie, le directoire des six grandes puissances (France, Angleterre, Italie, Allemagne, Autriche, Russie), dont le « concert » préalable était requis pour régler les difficultés orientales. Si ces puissances ne s'étaient mises d'accord entre elles, n'importe quelle affaire de Macédoine eût été insoluble ou bien elle eût pris les proportions les plus graves et les « hexarques » se fussent entre-choqués. Le concert européen était une assurance contre ces risques. C'était en même temps une vague survivance de l'ancienne chrétienté, une sorte de syndicat de la civilisation européenne en face de l'Islam. A quoi s'ajoutait un principe qui avait été autrefois un dogme : celui de l'intégrité de l'Empire ottoman. Quelle que fût la décrépitude de cet Empire, on en revenait toujours à la nécessité d'y toucher le moins possible, d'abord pour éviter d'entrer dans l'ère tumultueuse des partages, c'est-à-dire des compétitions, et ensuite par le sentiment que l'ancienne Turquie représentait la forme la plus modérée et la plus européenne de l'Islam. On n'aurait rien gagné quand les vieux diplomates turcs, les vizirs prudents et subtils avec lesquels on avait l'habitude de causer seraient remplacés par des fanatiques. La révolution jeune-turque avait donné l'avant-goût de ce que produirait en Orient le réveil du nationalisme par le libéralisme. Et surtout Constantinople, « cette funeste Constantinople », est une ville qui excite tant de convoitises que le mieux était qu'elle restât turque pour que personne ne pût s'en emparer.

Il est vrai que, d'après les accords conclus entre les principaux alliés pendant la guerre,

Constantinople devait revenir à la Russie. Que fût-il arrivé si la Russie était restée fidèle à l'Entente jusqu'à la fin et si, victorieuse avec nous, elle avait réclamé son lot ? Elle ne l'eût sans doute pas eu davantage que nous n'avons eu le nôtre sur le Rhin, et l'on se fût tiré d'affaire en recourant à l'expédient ordinaire et en maintenant l'intégrité de la Turquie par raison d'État européenne. Les Turcs ont peut-être perdu plus qu'ils ne pensent à l'effondrement de l'Empire russe. En Orient aussi il y avait un équilibre classique, qui neutralisait les convoitises, et que rien n'a encore remplacé.

Après de longues hésitations, étendant la main pour la retirer ensuite, l'Angleterre n'a pas osé se saisir de Constantinople. Elle l'a mise seulement à portée des Grecs, ses hommes de paille. La ville reste au sultan ou plutôt le sultan reste dans la ville. Mais quelle est son autorité ? Où sont les Turcs qui lui obéissent ? Les Grecs le cernent jusque dans la banlieue de sa capitale. Une commission internationale, la Commission des Détroits, est plus souveraine que lui. Des forces d'occupation, avec un commandement interallié, resteront en permanence sur le Bosphore. Théoriquement, Constantinople ne doit être à personne. Il faudra bien qu'un jour elle soit à quelqu'un. Le système qui consiste à internationaliser les points sensibles de la carte remplace un équilibre naturel qui a disparu, par un équilibre artificiel. C'est une solution provisoire. C'est une transition.

Tout ce que les Alliés ont pu faire à Constantinople, c'est de reculer un dangereux procès.

A l'un des lieux les plus importants du monde, il y a un vide, une place énorme pour l'inconnu. Sur l'avenir de Constantinople et de l'Asie Mineure, il est impossible de porter le moindre pronostic. Une seule chose est sûre. La Grèce, pour être en mesure de conserver les vastes territoires qu'elle reçoit et dont la défense sera ardue, devra devenir beaucoup plus forte qu'elle ne l'est, tellement forte qu'il ne lui soit pas plus difficile de prendre Constantinople que de garder Smyrne. La Grèce sera l'Empire de Byzance ou bien elle reperdra la Thrace et l'Ionie.

En somme, l'Asie Mineure a été cassée et morcelée comme l'Europe centrale et orientale. La ressemblance est si curieuse que l'Arménie y tient la même place que la Pologne, serrée comme elle entre deux ennemis qui n'ont qu'à se rejoindre pour l'écraser. Mais si l'avenir est déjà obscur dans l'Europe du Centre et de l'Est, pour l'Asie Mineure on cherche en vain des points de repère. Le chaos en est pire puisque les nationalités s'y trouvent mêlées aux mandats des puissances européennes, les Croisades à la Société des Nations, les restes du protectorat chrétien de la France au trafic du pétrole et à la protection des routes de l'Inde, tout cela au contact d'une force, celle de l'Islam, dont la direction et le développement échappent à tout calcul, et avec la menace que représentera toujours la Russie survenantpour réclamer sa part.

A ces frontières de deux mondes et de deux civilisations, la paix atteint une déliquescence complète, si complète que personne n'a voulu servir de protecteur à l'orpheline Arménie. Méfiance, abstention qui ne résolvent rien. Une cause d'incertitude est ajoutée à d'autres causes. Au cas d'un nouvel accident européen, il y a en Asie Mineure la matière d'un immense incendie. *Hinc movet Euphrates, illinc Germania bellum.* Vraie du temps de Virgile, vraie en 1914, cette correspondance peut l'être encore. De l'Euphrate au Rhin, le rapport est presque constant et la France se trouve lourdement engagée en Asie Mineure, pour garder au moins en Syrie une parcelle de son antique héritage, tandis qu'il lui reste, pour une longue période, à régler ses comptes avec les Allemands.

Un peu comme l'Empire austro-hongrois, l'Empire turc avait duré surtout par la difficulté qu'éprouvait l'Europe à se passer de lui et à le remplacer. Ces vieilles constructions offraient l'avantage d'être connues. De plus elles neutralisaient les conflits des races et des religions. Les services qu'elles avaient rendus autrefois seront regrettés. Si la Turquie, comme l'Autriche, était devenue malfaisante, le principe du mal était dans une grande Allemagne. Et comme le principe du mal subsiste, il faudra voir encore ce que l'influence d'un puissant État germanique produira aux lieux où ces édifices politiques s'élevaient autrefois. Ce qui est sûr, c'est que, pour la France, qui avait partout une situation acquise par le temps, que ses intérêts par conséquent devaient rendre conservatrice, qui a toujours perdu aux bouleversements depuis que sa fortune nationale est faite, pour un vieux pays comme le nôtre, les démolitions ne valent rien. A chacune nous laissons quelque chose de notre capital. Avec une régularité frappante, depuis le milieu du siècle dernier, chaque fois qu'un aspect de l'ancienne Europe a changé, (et c'était toujours parce que nous l'avions voulu ou permis), la France a été la première à pâtir. En Orient surtout, où nous occupions sans frais une place privilégiée, il était prudent de ne toucher à rien ou de limiter les dégâts à la plus petite surface possible. Les Turcs ne posséderont que quelques provinces d'Asie Mineure. Notre influence ne s'y étendra plus que sur une faible zone. Nous aurons peu de profit et beaucoup de charges. Qu'y gagnera le monde ? A ce point dangereux du contact de l'Europe avec l'Asie, le vide appellera peut-être d'autres conquérants. Alors on regrettera ceux que les siècles avaient apprivoisés.

CHAPITRE X

POSITION DE LA FRANCE

Après avoir eu jusqu'à vingt-cinq alliés et associés pendant la guerre, la France n'a trouvé que la Belgique pour aller avec elle à Francfort, en avril 1920, et elle n'a trouvé personne pour appuyer ni même pour approuver son action en Pologne quatre mois plus tard. Si une catastrophe s'était produite à Varsovie, notre isolement eût été complet. Un revirement favorable n'a eu lieu qu'après le sauvetage de la Pologne. Cette expérience doit servir à guider notre politique extérieure.

De même que nous devons encore entretenir une armée, consacrer des sommes immenses à notre défense nationale, nous devons chercher des garanties et des sécurités politiques au dehors. Vainqueurs de l'Allemagne, avec les avantages et les supériorités que la victoire comporte, nous sommes dans une situation qui, néanmoins, ne diffère pas essentiellement de celle où nous nous trouvions après 1871. Alors vingt et un ans s'étaient écoulés avant que nous eussions avec la Russie une convention militaire encore bien incomplète, bien imprécise. Il avait fallu douze années de plus avant de nous rapprocher de l'Angleterre, et le rapprochement n'était pas fini en 1914 puisqu'il n'y avait pas d'alliance franco-britannique en règle. Dans l'Europe nouvelle, une Europe pulvérisée, la recherche des alliances ne sera pas moins ardue. Peut-être le sera-t-elle davantage.

Notre politique reste dominée, notre voie reste tracée par la question allemande. Si l'on excepte la Belgique, la question allemande ne se pose pour personne comme elle se pose pour nous. En 1871, la création de l'Empire allemand n'avait inquiété ni même choqué aucune des puissances européennes. L'Angleterre, par une tragique erreur, y avait vu un gage d'équilibre continental et des raisons de se réjouir. Comment veut-on qu'elle s'alarme, aujourd'hui que l'Allemagne est vaincue et que toutes les précautions ont été prises pour qu'elle ne puisse, de longtemps, redevenir une rivale sur mer? Nous n'aurons comme alliés que les peuples qui sentiront comme nous le besoin de se protéger contre un réveil possible de l'Empire allemand et qui se sentiront assez forts pour s'exposer à un conflit avec lui. Ce n'est pas tout. Nous aurons à nous assurer contre une coalition germano-russe, éventuelle sans doute, mais qu'il sera plus prudent de considérer comme probable. Accroissement de difficultés pour trouver des partenaires qui consentent à courir ce double risque. L'exemple du mois d'août 1920 nous montre que la Pologne, attaquée par la Russie, avec une Allemagne hostile dans le dos, n'a trouvé aucun concours parmi ses voisins. Nous avons dû venir à son aide : c'est le type de l'alliance qu'il faut tenir à bras tendu. Il en serait exactement de même si la Pologne était un jour attaquée par les Allemands, la Russie étant prête à profiter de son désastre et à la poignarder par derrière.

La marche de l'Allemagne est tout indiquée. C'est par l'Est qu'elle commencera sa libération et sa revanche. Si nous n'intervenons pas délibérément le jour où elle essayera de reconstituer sa frontière orientale, si nous renouvelons la funeste abstention de Sadowa, alors, un an, dix ans ou vingt ans plus tard, le danger sera pour nous. Mais dans le cas d'un second Sadowa, surtout si l'occasion choisie par l'Allemagne est propice, si la préparation diplomatique du coup a été habile, nous devrons nous résigner à agir seuls ou à peu près seuls et même peut-être à être désapprouvés. Cet isolement et cette désapprobation sont indiqués par le pacte de garantie qui a été ajouté au traité de Versailles et que n'ont d'ailleurs ratifié jusqu'ici ni les États-Unis ni l'Angleterre. Cette garantie nous est promise dans le cas d'une « agression non provoquée » et non dans un autre, c'est-à-dire qu'elle suppose une agression directe, lancée spécialement contre la France. Même alors, à moins que l'évidence ne fût aussi éclatante qu'en 1914, nos garants voudraient d'abord une enquête, des débats dans leurs parlements avant de se porter à notre secours. C'est dire qu'une agression bien machinée par une dépêche d'Ems ne nous ouvrirait aucun droit à cette garantie très conditionnelle. Quant à une agression indirecte, celle dont serait victime un pays ami et solidaire du nôtre (pensons toujours à la Pologne, si découverte, si exposée), quant à une annexion, même sans violence (comme celle de l'Autriche), qui accroîtrait dangereusement le territoire et les forces de l'Allemagne : tous ces cas-là, dont nous aurions pourtant à supporter les répercussions si nous demeurions inertes, rentreraient dans la catégorie de ceux où, par notre intervention, nous serions considérés comme les provocateurs. Il ne nous resterait qu'à en prendre hardiment notre parti en expliquant au monde que, pour lui épargner un 1914, il ne faut pas répéter la faute de 1866.

Les futures difficultés, telles qu'elles se dessinent déjà, auront un double caractère. D'abord elles seront d'une gravité croissante. Le danger, à l'origine, n'apparaîtra qu'à des yeux très exercés et à des hommes très perspicaces. Les foules y resteront insensibles et les gouvernements seront tentés de les nier. En second lieu, ces difficultés seront surtout terrestres et continentales. Il n'y a plus, dans les mers d'Europe, de concurrence maritime sérieuse pour l'Empire britannique. L'Angleterre sera donc portée à se désintéresser des conflits qui

pourront survenir, tant qu'il ne se produira pas
d'accident qui affecte les détroits et Constantinople.

On vit encore sur l'idée que les alliances de
la guerre se perpétueront. Ce serait désirable,
mais extrêmement peu naturel. Une coalition,
et surtout une coalition aussi vaste, ne peut
pas survivre aux conditions qui l'ont créée. Tant
de peuples ne peuvent pas garder le même
point de vue, n'avoir qu'un seul intérêt. Celui
de la France est d'être payée par l'Allemagne
et d'être en sécurité vis-à-vis de l'Allemagne.
Des alliances avec des pays qui n'ont pas les
mêmes raisons que nous de considérer le problème allemand comme le problème principal,
des alliances qui nous conduiraient à renoncer
à une partie de nos droits seraient bien pe-
santes. Elles constitueraient pour nous une
servitude ou bien elles ne fonctionneraient
qu'avec des frottements continuels. Ce n'est
pas tout. Il nous faut des Alliés qui voient les
affaires allemandes avec les mêmes yeux que
nous. Mais nous avons aussi à faire en sorte
que nos alliances ne soient pas telles qu'elles
apportent à l'Allemagne elle-même des alliés.
Nous avons déjà montré, sans craindre les répé-
titions ni l'insistance, que notre option pour la
Pologne aggrave le danger d'une conjonction
germano-russe. Ce risque ne saurait être multiplié ailleurs. Ce qui peut se présenter un jour,
c'est un syndicat des vaincus et des mécontents,
bien plus actif, bien plus facile à constituer que

celui des vainqueurs et des profiteurs. Il importe de se souvenir que, si la guerre de 1914 a tant duré, si la victoire a été si difficile, si coûteuse, si tardive, c'est parce que la politique de l'Entente a été impuissante à désagréger le bloc ennemi autrement que par les armes. Reconstituer ce bloc, c'est donc la première chose à éviter, tandis que, d'autre part, il importe de ne pas nous aliéner les États qui ont joué sur le même tableau que nous et qui ont eu moins de comptes à demander à l'Allemagne qu'aux Hongrois ou aux Bulgares. Tâche malaisée. Que nous puissions avoir avec nous tous ces États, c'est assurément chimérique. Il est plus chimérique encore d'espérer que nous les réconcilierons tous avec leurs anciens adversaires et que la France exercera une protection paternelle sur la famille des moyens et petits États. Notre ressource sera d'essayer des séries de réconciliations, l'essentiel étant de prévenir un bloc de l'Europe centrale dont la direction appartiendrait encore à l'Allemagne, et de couper la ligne Berlin-Vienne-Budapest-Sofia. Il n'est pas douteux que si, pendant la guerre, la Bulgarie avait pu être détachée de la coalition adverse, cette défection nous eût été plus utile que l'alliance roumaine et elle eût été profitable à la Roumanie elle-même. Dans des cas pareils il faut savoir choisir. C'est ainsi qu'une Tchéco-Slovaquie neutre, même hostile, si c'était possible, serait encore préférable à un système germano-hongrois de l'Europe centrale. Ces choix seront délicats. Ils ne devront pas être faits à la légère. Mieux vaudra en prendre l'initiative que de les subir. Nous n'obtiendrons pas, pour prendre encore un exemple, que la Hongrie se rapproche également des trois pays à qui elle a dû céder des territoires. Son propre intérêt lui conseille de ne pas réunir toujours ces trois voisins dans la même méfiance et dans la même hostilité et de se réconcilier avec les uns ou avec les autres. Quelles que soient les sympathies et quels que soient les ressentiments que l'on puisse avoir, il est clair, pour la froide raison, qu'une entente des Hongrois, des Roumains et des Bulgares, si elle pouvait être formée sous nos auspices, constituerait un barrage véritable, supérieur, parce qu'il serait mieux groupé et mieux placé, à celui qui semble avoir été construit par les traités et dont le moindre défaut est de se présenter sur des points dispersés, sans avantages contre un bloc adverse disposant, comme en 1914, des fameuses « lignes intérieures ».

Nous n'avons jeté sur la question des alliances que quelques lueurs. Il faut reprendre les choses par le commencement.

L'Allemagne d'abord. Nous devons compter avec sa mauvaise volonté persistante, probablement accrue, à mesure qu'elle se relèvera et qu'elle se fortifiera. Nous devrons la surveiller, nous tenir en garde contre ses ruses et ses retours offensifs, être prêts, tout au moins, à la contraindre à remplir ses engagements essentiels. Cette tâche demandera une attention soutenue et de longs efforts. En définitive, notre politique extérieure reste dominée par le problème allemand. Il devait en être ainsi du moment que nous demeurions les voisins d'une Allemagne unitaire, sur laquelle nous n'exerçons pas d'influence, sur laquelle n'avons de prise que d'un seul côté et par une occupation provisoire, une Allemagne enfin (c'est le refrain de ce livre) qui compte 20 millions d'habitants de plus que nous.

La surveillance de l'Allemagne, l'exécution non pas même intégrale, mais partielle, du traité de Versailles, absorbera presque toute notre activité et nos forces pendant les années à venir. Avec une Allemagne unitaire, avec une grande Germanie, non seulement une véritable entente, mais une détente même est exclue, à moins que nous ne renoncions à nos revendications élémentaires, y compris celle de notre sécurité. Il est inutile de s'arrêter à cette hypothèse. Il est même dangereux d'y penser.

Les négociateurs français du traité de Versailles ont été conséquents avec eux-mêmes quand, après avoir conservé l'unité allemande, ils ont cherché une garantie contre le danger qui subsistait et prévu le cas d'une nouvelle agression. Cette garantie, comme nous venons de l'indiquer, M. Clemenceau croyait l'avoir trouvée aux États-Unis et en Angleterre. Pour l'acquérir, il avait fait d'importantes concessions au point de vue américain et au point de vue anglais. En tout état de cause, nous pouvions compter, avec plus ou moins de difficultés et de retards, sur l'assistance des puissances anglo-saxonnes si nous étions attaqués de la même manière et dans les mêmes conditions qu'en 1914 et en admettant que l'histoire fût toujours semblable à elle-même. Toutefois, il y avait loin de ce *casus fœderis*, prévu pour un péril éclatant et d'extrême urgence, à une alliance intime et permanente qui eût joué dans la vie de tous les jours et pour l'application intégrale du traité. Une telle alliance supposait que les États-Unis et la Grande-Bretagne continueraient à avoir sur l'Allemagne les mêmes idées que nous, à regarder le problème allemand comme le problème essentiel et à ne pas avoir des intérêts et des soucis différents de ceux de la France, qui est avant tout une puissance continentale et européenne.

Il a suffi de peu de temps pour que l'Amérique revînt à cette politique purement américaine dont une menace, qu'elle avait fini par sentir sur elle-même, avait été seule capable de l'arracher. Dans le cas le plus favorable, les États-Unis, ayant éliminé le wilsonisme, nous laisseront libres de nos mouvements et nous donneront leur approbation morale chaque fois que nous pratiquerons une politique de conservation et d'ordre. S'ils rompent avec les idées du président Wilson, c'est parce que la Société des Nations leur a fait craindre d'être entraînés malgré eux dans les complications européennes. Il serait donc imprudent de compter de leur part sur un concours actif.

Quant à l'Angleterre, sa politique est celle de l'Empire britannique. Les facilités mêmes qu'elle a rencontrées dans la paix pour élargir démesurément son programme impérial l'ont inclinée à ne considérer les affaires européennes que par rapport au monde entier. Nous sommes, nous, obligés de tout subordonner aux comptes que nous avons à régler avec l'Allemagne. Pour l'Angleterre, ces comptes sont réglés. Ses préoccupations vont ailleurs. On se tromperait en lui demandant de ranger les questions dans le même ordre d'importance que nous.

Il n'y a pas d'alliance franco-britannique. Il n'y en a plus depuis que les engagements du pacte de Londres (celui de septembre 1914) ont été remplis par la victoire remportée en commun et depuis que le traité de Versailles a été signé. Tout au plus subsiste-t-il la solidarité que ce traité a créée entre les signataires tenus à le faire respecter, ce qui ne veut pas dire qu'ils l'interprètent toujours de la même façon. Les tentatives qui ont été faites pour entraîner la Grande-Bretagne dans un accord positif et défini ont échoué jusqu'à présent. Le gouvernement britannique a décliné poliment la proposition d'entrer dans une alliance franco-belge et il a été loué par une notable fraction de la presse anglaise d'avoir refusé comme il convenait (*very properly*). Tout ce qu'il a pu faire a été d'offrir une garantie de cinq années à la Belgique, c'est-à-dire une sorte de retour au système de la neutralité belge pour un temps extrêmement bref. Comment en serions-nous surpris ? A la veille même de 1914, une alliance en règle répugnait à l'Angleterre. Nous n'avions jamais réussi à aller au delà d'une « entente cordiale ». L'Allemagne battue, l'Angleterre aspire de nouveau à se dégager des affaires du continent, à les surveiller et à les contrôler de haut, sans s'y mêler à fond. On a tort, peut-être, de parler de retour au splendide isolement. Ce n'est pas le principe même des alliances que l'Angleterre repousse. Ce sont les alliances terrestres, si l'on peut les nommer ainsi. Toutes ses préoccupations vont à la mer. Les statuts de la Société des Nations peuvent lui être un bon prétexte pour se dérober aux sollicitations. Mais, en dépit du Pacte, elle n'hésite pas, lorsqu'il s'agit d'intérêts maritimes et coloniaux, à contracter des engagements particuliers. Avec le Portugal, avec le Japon, elle a déjà renouvelé des contrats devenus traditionnels. La Grèce est le pion qu'elle pousse dans la Méditerranée orientale. Et c'est aussi par les intérêts coloniaux et maritimes que nous aurons le plus de chances de nous entendre avec les Anglais. A une condition, toutefois. C'est que nous tenions notre place et notre part en Orient, que nous y soyons forts, que nous n'y paraissions pas en parents pauvres. Il ne faudra pas nous laisser évincer ni conduire aux échanges coûteux. Et il ne faudra pas non plus, quand tout nous ordonne de nous concentrer, que le compagnonnage anglais nous disperse, nous envoie monter la garde et guerroyer dans des lieux lointains où jamais, avant les grandes démolitions, un soldat français n'avait paru et n'avait eu besoin de paraître. La France, à grands frais, doit conserver une puissante armée parce qu'elle n'a pas, vis-à-vis de l'Allemagne, les sécurités indispensables. Elle est seule, parmi les pays de l'Entente, à posséder une sérieuse organisation militaire qu'il ne sera jamais permis de considérer comme un luxe. Pour ceux qui se sont empressés de nous abandonner le fardeau de la conscription, la tentation est grande de tirer sur cette provision, de nous charger des plus ingrates corvées, de nous conférer le mandat de recevoir des coups et de récolter des rancunes pour des causes qui n'ont avec la nôtre qu'un lointain rapport. Gendarmes pour le compte d'autrui, nous avons ensuite à nous défendre contre des accusations d'impérialisme et de militarisme d'une hypocrisie intolérable. Cela ne peut pas durer. Notre armée est un capital national que nous ne devons pas gaspiller et, si nous le prêtons, ne prêter qu'à gros intérêts, c'est-à-dire seulement pour nos propres intérêts.

L'Angleterre a chez elle de nombreux soucis, de nombreuses tâches, et elle n'a pas d'armée. Elle a supprimé la conscription, mesure de circonstance, tardivement adoptée pendant la guerre, et qui répugne à ses mœurs. Vis-à-vis des Allemands, vis-à-vis des Russes, elle écarte, rejette ou remet à plus tard les solutions énergiques. En Asie Mineure, elle prend volontiers la France, ou, à son défaut, la Grèce pour soldat. C'est que l'Angleterre n'a pas trop de ses forces pour elle-même, pour l'Égypte, pour l'Inde, pour la Mésopotamie, pour l'Irlande. Quand le gouvernement britannique, avec l'Allemagne ou avec les Soviets, recommande, impose les ménagements et la conciliation, voilà encore à quoi il pense.

A la fin du mois de juillet 1920, il a été distribué au Parlement britannique un rapport du maréchal sir Henry Wilson, dont la conclusion est lumineuse :

Il y a une dure leçon à tirer de l'histoire de notre campagne en Russie du Nord. Elle commence par le débarquement de 150 soldats d'infanterie de marine à Mourmansk en avril 1918 : ils sont suivis par 368 soldats fin mai, et à leur tour, le 23 juin, par 600 fantassins et mitrailleurs. A partir de cette date, les demandes de renforts se sont succédé sans interruption et nos obligations ont augmenté progressivement, sans que nous puissions y mettre un terme. Je crois que le contingent britannique atteignit le chiffre de 18 400.

La campagne de Mésopotamie commença de même par l'envoi de deux brigades et finit par absorber près de 900 000 hommes. Les six divisions avec lesquelles nous sommes entrés en guerre en France et en Belgique sont arrivées à 63 avant que nous eussions la victoire. La conclusion est facile à tirer : on dit que lorsqu'un contingent militaire se trouve engagé dans des opérations, il lui est presque impossible de limiter l'étendue de ses obligations. *Dans l'état de chaos où se trouve aujourd'hui le monde, il ne serait pas sage de perdre de*

vue ce principe, car nous pouvons nous attendre à rece-
voir des demandes de troupes, ne fût-ce qu'une ou deux
compagnies, sur tous les coins du continent, et il sera
difficile parfois de ne pas céder. Refusons aujourd'hui
avec insistance d'accéder à toute demande de ce genre
n'émanant pas d'une partie de l'empire britannique
avant un examen attentif des obligations qu'impliquc-
rait éventuellement une telle requête.

Ainsi, la plus haute autorité militaire du
Royaume-Uni se rend compte du chaos de l'Europe et des embarras de l'Empire britannique.
Les forces de l'Empire britannique sont absor-
bées par des besognes trop vastes, trop pres-
santes, et il ne lui reste rien pour figurer sur
le continent. Encore ne pourrait-il que figurer
et non pas agir : le maréchal Wilson sait bien
qu'il aurait du mal à envoyer « une ou deux compagnies » dans beaucoup d'endroits à la fois. Il
sait bien qu'il nous a demandé de remplacer,
dans les pays à plébiscite, les soldats anglais
par nos soldats à nous. Il redoute les expédi-
tions qui commencent par quelques escouades
et qui finissent par des corps d'armée. Il con-
state au fond, et c'est ce qui se lit à travers les
lignes de son rapport, que l'Angleterre, si elle
n'avait d'autres raisons de s'en désintéresser,
serait éliminée des affaires continentales par
l'excès de ses propres charges. L'Empire britannique a des embarras réels qui sont la ran-
çon de ses accroissements immodérés. Il souffre
aussi pour sa part, et peut-être sans s'en rendre
compte, d'avoir respecté ce qu'il eût fallu dé-

truire et détruit ce qu'il eût mieux valu conserver. Les embarras de l'Angleterre alourdissent
singulièrement sa politique. Ils sont pour elle
comme une hypothèque. Dans une certaine
mesure ils diminuent la valeur de son alliance.
Si l'Angleterre a des escadres que nous n'avons
pas, nous avons une armée qu'elle n'a pas non
plus. Cette comparaison rétablit l'égalité. Par là
aussi elle nous rend libres.

Un soldat comme le maréchal Wilson ne
ferme pas les yeux à cette évidence : l'Europe
est dans le « chaos ». Et le chaos, c'est l'instabilité. L'instabilité, c'est aussi le mouvement.
Il y a des chances croissantes pour que la physionomie que le traité de Versailles avait cru
donner à l'Europe soit provisoire. Ce sont les
événements eux-mêmes qui nous obligeront
sans doute à reprendre une œuvre imparfaite
et mal équilibrée. Alors, la France, qui a les
moyens d'agir sur le continent, devrait-elle
subordonner sa politique extérieure à celle de
l'Angleterre qui, de son propre aveu, n'a pas
ces moyens et se comporte en conséquence,
chaque fois qu'elle conclut à l'inaction?

La France ne garde pas seulement — pour
combien de temps encore ? — les moyens
d'agir. Elle a l'expérience des affaires européennes. Elle possède les idées et les solutions
efficaces. Pourquoi ne serait-elle pas entendue
de préférence ? Pourquoi les points de vue qui
prévalent ne seraient-ils pas les siens ? Et
pourquoi n'agirait-elle pas dans son indé-

pendance quand il le faut ? Avec un instinct juste, le maréchal Wilson a prévu que l'ébranlement dont le signal a déjà été donné en Pologne aurait des suites. Bien des choses seront à reprendre, si on ne veut pas qu'elles reprennent toutes seules. Puisque le traité de Versailles n'a rien terminé, « faut finir ce qu'on a commencé », disait autrefois cette impératrice. Alors, il faudra avoir ce qui a manqué aux auteurs de la paix : des méthodes, des idées directrices. Les orages prochains se chargeront de démontrer que rien ne sera fait tant que l'Allemagne conservera cette puissance politique qui engendre toute autre puissance et qui lui rendra tôt ou tard sa puissance militaire en dépit des interdictions.

Mais, au milieu de ces orages européens, l'Allemagne elle-même n'échapperait sans doute pas à des secousses et à des crises. C'est là que la politique française devra pouvoir, sans entraves, aider et diriger les événements. Sa doctrine (et sans une doctrine on n'a pas de politique), sa doctrine fondée sur l'expérience est qu'il n'y a pas de repos ni de sécurité en Europe si l'Allemagne reste forte, et rien n'empêchera qu'elle redevienne forte tant qu'elle sera unie et centralisée. C'est ce dont convient le plus grand journal des financiers, des libéraux et des unitaires allemands, la *Gazette de Francfort*, lorsqu'elle dit des projets fédéralistes du docteur Heim, le chef du parti populaire bavarois : « *Une Allemagne fédéralé selon la recette Heim aurait certainement du succès en France, parce que ce serait une Allemagne impuissante »*. C'est admirablement dit. Il n'y a qu'à ne pas nous écarter de là. Et nous avons ce qu'il faut, moyens et idées, pour ramener alliés et ennemis à ce point de vue essentiel, à travers les prochains événements.

*
* *

Ces Alliés, quels seront-ils ? Comment les trouverons-nous ? Il ne s'agit pas de mendier les alliances. On les obtient par la force et par le prestige qu'on possède, par les services qu'on peut rendre. On les obtient aussi par la conformité des intérêts. Et les systèmes les plus ambitieux ne sont pas les plus solides. *Pedetemptim*, c'est la devise des forts et des sages. Brin à brin, nous organiserons le faisceau.

Depuis la signature du traité de Versailles, on peut même dire depuis l'armistice, l'union des Alliés ne s'est plus reconstituée, et pour quelques heures seulement, que par les provocations et les maladresses de l'Allemagne. Comment s'en étonner quand on connaît l'histoire du commandement unique, quand on sait quel péril il a fallu pour que, le 23 mars 1918, ce commandement fût donné au maréchal Foch ? L'union, aujourd'hui, n'est plus qu'une union de circonstance. Elle est de courte durée. Une fois passé l'incident qui l'a fait renaître, chacun retourne à ses affaires et à ses idées. Les souvenirs de la guerre s'éloignent. Ils entrent dans les musées historiques. Seules la Belgique et la France restent rassemblées en permanence, face au Rhin, par un même souci de sécurité, par un même instinct de conservation. L'alliance franco-belge est le premier point, le point solide autour duquel pourront se cristalliser d'autres alliances. Pour la nouer, il aura fallu pourtant de longs mois et passer par l'étape de la convention militaire. Elle ne se sera pas faite toute seule, et il a fallu que, des deux côtés, des hommes en prissent l'initiative. Elle a langui un moment à cause de la question du Luxembourg, comme si cette question ne devait pas être résolue par l'alliance au lieu que l'alliance en dépendît. Du temps a été perdu à chercher une combinaison anglo-franco-belge dont l'Angleterre ne voulait pas et comme si la meilleure façon d'intéresser le gouvernement britannique n'était pas de lui présenter la chose toute faite. Enfin, en Belgique même, il y a eu des résistances, des oppositions de parti. Tout cela pourra se représenter ailleurs. Tout cela prouve que, dans les cas les plus simples, les plus clairs, entre deux peuples qui ont subi la même invasion, et dans la fraîcheur de leurs souvenirs, l'entente et la collaboration rencontrent encore des obstacles.

On trouve surtout des alliances contre quelqu'un ou contre quelque chose. Celle de la Belgique s'est fondée sur une identité d'intérêts

et de vues en face du péril allemand. D'autres
périls partagés nous apporteront d'autres
associés. Ces périls ne sont pas seulement
politiques et militaires. Il y a aussi ceux que
court la société. Or, sans même s'en douter,
la France s'est mise en Europe à la tête de la
résistance. Elle est devenue le pays de l'ordre
par excellence, l'antithèse du bolchévisme et
de l'anarchie. Depuis longtemps, mais depuis
Varsovie surtout, nous avons cessé de tenir
boutique de révolution. Nous ne séduisons
plus les hommes de gauche, et les conservateurs du monde entier tournent les yeux vers
nous. Qu'est-ce que notre révolution de 1789
auprès de celle de Moscou? Aujourd'hui, les
idées avancées, ce ne sont plus les idées libérales, ce sont les idées socialistes dont la
France ne veut à aucun prix, dont elle ne peut
même pas vouloir. Tout le lui interdit, son
caractère, son histoire, ses mœurs, sa formation sociale. Alors il ne nous reste qu'à avancer
dans la voie où la force des choses nous a mis,
où elle a mis à leur insu des hommes qui ne
soupçonnaient pas qu'ils étaient nés pour une
réaction. Depuis que de vieux gouvernements
monarchiques sont tombés pour laisser place
au désordre, au chaos, à une sombre négation,
depuis ce retour en arrière, sans précédent par
la violence et par la rapidité, la position intel-
lectuelle, morale et politique du peuple français
a changé du tout au tout. Par le seul fait qu'elle
restait telle qu'elle était et qu'elle continuait à

vivre dans les mêmes conditions, la France est devenue réactionnaire. Et elle est allée naturellement dans le sens où elle était portée. Elle ne s'en rend pas toujours compte et l'un des plus beaux vers de notre langue l'a dit : « Rarement un esprit ose être ce qu'il est. » Oserons-nous être ce que nous sommes? Depuis que, d'instinct, la France a manifesté sa répulsion pour l'esprit révolutionnaire tel qu'il est apparu au vingtième siècle sous ses formes franchement asiatiques, on aura beau faire, on aura beau dire : pour le monde entier, la France est le pays de la contre-révolution. C'est tellement évident, tellement sûr que l'étiquette réactionnaire nous est appliquée partout. Dans l'état présent du monde, nous n'avons qu'à la garder. Elle nous vaudra des sympathies nombreuses, car personne ne la porte avec cet éclat, avec ce prestige. Notre physionomie morale en est renouvelée. Et puis, il y a un besoin d'ordre croissant qu'aucun autre pays n'est capable de satisfaire. Nous avons un rôle à prendre. C'est même le seul rôle qu'il nous reste à prendre. Si nous retombions dans le radicalisme d'autrefois, pétri de concessions pour les idées révolu-, tionnaires, nous perdrions toute raison d'être. Nous serions exposés, sans gloire et sans profit, à nous asseoir entre la réaction et la révolution. La réaction, nous en laisserions le bénéfice à d'autres. Quant à la révolution, ce n'est plus sur la France, désormais, que les

amateurs seront tentés de prendre modèle.
C'est à l'école de Moscou.

Très lentement, au bout d'un demi-siècle, la
troisième République a subi l'évolution que la
seconde avait parcourue en quelques mois. Rien
ne ressemble aussi peu à la République de 1848
que celle de 1849. La même différence se re-
trouve entre la République telle que nous la
voyons en 1920 et telle que nous l'avons connue
en 1914 et même pendant la guerre. Dans une
très large mesure, aujourd'hui comme il y a
soixante-douze ans, c'est le contraste entre la
solidité intime et naturelle de la nation française
et les convulsions anarchiques des autres parties
de l'Europe qui a poussé le pays et le régime
dans un sens conservateur, qui les a orientés
vers une politique conservatrice au dedans
comme au dehors. Ajoutez aux leçons de la
guerre, à l'expérience désastreuse de la Russie,
que les idées révolutionnaires ont vieilli, qu'elles
ont perdu de la séduction et de la puissance
qu'elles gardaient en 1849. Avec plus de bonheur,
entouré d'une atmosphère infiniment plus favorable, M. Millerand apparaît un peu comme le
Bastide de cette période républicaine, le sage
Bastide que ses ennemis appelaient l'« éteignoir »
parce qu'il arrêtait en Europe le feu des révolutions. Les circonstances sont plus propices
qu'alors à une politique de grande envergure,
politique nationale et contre-révolutionnaire à
la fois, au service de laquelle la France mettra
sa force retrouvée et son prestige accru. Il n'y

a pas d'autre issue aux difficultés innombrables que nous a léguées la paix. Nous souhaitons seulement à la troisième République, dans la voie nouvelle où l'ont introduite les événements, de ne pas finir par un contre-sens, comme la seconde avait fini.

FIN

TABLE DES MATIÈRES

ACHEVÉ D'IMPRIMER

LE VINGT OCTOBRE MIL NEUF CENT VINGT

PAR

L'IMPRIMERIE J. DUMOULIN

POUR

LA NOUVELLE LIBRAIRIE NATIONALE

3, PLACE DU PANTHÉON, 3

PARIS

9 782019 305215